ISIDRO MORENO HERRERO
MAESTRO Y DOCTOR EN CIENCIAS DE LA EDUCACIÓN. ES PROFESOR DEL DEPARTAMENTO DE DIDÁCTICA Y ORGANIZACIÓN ESCOLAR DE LA FACULTAD DE EDUCACIÓN DE LA UNIVERSIDAD COMPLUTENSE DE MADRID, DONDE IMPARTE LAS ASIGNATURAS DE TECNOLOGÍA EDUCATIVA Y NUEVAS TECNOLOGÍAS APLICADAS A LA EDUCACIÓN. PROFESOR DEL ICE DE LA UCM Y DE LOS PROGRAMAS DE DOCTORADO Y MÁSTERES DEL DEPARTAMENTO. ES AUTOR DE VARIAS OBRAS RELACIONADAS CON LA MATERIA Y PERTENECE AL MOVIMIENTO DE RENOVACIÓN PEDAGÓGICA *ESCUELA ABIERTA* DE GETAFE.

Isidro Moreno Herrero

Aplicaciones de la Web en la enseñanza

SERIE BIBLIOTECA DE INNOVACIÓN DIDÁCTICA
DIRIGIDA POR ISIDRO MORENO HERRERO Y MERCEDES SÁNCHEZ SÁINZ

© ISIDRO MORENO HERRERO, 2011

© LOS LIBROS DE LA CATARATA, 2011
  FUENCARRAL, 70
  28004 MADRID
  TEL. 91 532 05 04
  FAX. 91 532 43 34
  WWW.CATARATA.ORG

APLICACIONES DE LA WEB EN LA ENSEÑANZA

ISBN: 978-84-8319-572-7
DEPÓSITO LEGAL: M-5.153-2011

ESTE LIBRO HA SIDO EDITADO PARA SER DISTRIBUIDO. LA INTENCIÓN
DE LOS EDITORES ES QUE SEA UTILIZADO LO MÁS AMPLIAMENTE
POSIBLE, QUE SEAN ADQUIRIDOS ORIGINALES PARA PERMITIR LA
EDICIÓN DE OTROS NUEVOS Y QUE, DE REPRODUCIR PARTES, SE HAGA
CONSTAR EL TÍTULO Y LA AUTORÍA.

ÍNDICE

INTRODUCCIÓN 9

PRIMERA PARTE. DE CADA DIEZ PERSONAS QUE UTILIZAN INTERNET, CINCO SON LA MITAD 11

    CAPÍTULO 1. LA RED DE REDES 13

    CAPÍTULO 2. ALGUNOS DATOS 15

    CAPÍTULO 3. ¿QUÉ OFRECE INTERNET? 19

    CAPÍTULO 4. EL PAPEL DE QUIEN ENSEÑA 25

    CAPÍTULO 5. EL PAPEL DE QUIEN APRENDE 29

    CAPÍTULO 6. CÓMO PODEMOS ENTENDER EL USO DE LA WEB 35

SEGUNDA PARTE. ARMAS DE COLABORACIÓN MASIVA 41

    CAPÍTULO 7. LA WEB 43

    CAPÍTULO 8. PARA PONERNOS DE ACUERDO 49

    CAPÍTULO 9. SOBRE LAS PROPUESTAS DE TRABAJO 57

    CAPÍTULO 10. COMPETENCIAS 61

    CAPÍTULO 11. ACTIVIDADES 63

ANEXOS 99

ANEXO I. RELACIÓN DE APLICACIONES Y SITIOS DE LA WEB 2.0 101
ANEXO II. NUESTRO HIPERTEXTO EN WORD EN UN PISPÁS 107

BIBLIOGRAFÍA 113

INTRODUCCIÓN

Para entendernos conviene aclarar dos términos que a menudo se confunden: Internet y Web. Pisani y Piotet (2009), autores de *La alquimia de las multitudes*, nos aclaran de una vez por todas dos conceptos que a menudo son utilizados como sinónimos: "Estos dos términos se confunden por economía de lenguaje y por su indisociable proximidad. Internet es la red informática mundial que nos permite acceder, por ejemplo, a nuestros correos electrónicos o a sitios web. La Web, o la World Wide Web, es una de las mayores aplicaciones que permite Internet. Es un sistema con el que se puede consultar, a través de un navegador, las páginas colgadas en los sitios web. Por tanto, tenemos, por un lado, un conjunto de ordenadores conectados entre sí y, por el otro, un conjunto de documentos modificables, también conectados entre sí. Internet es la red, y la Web es una de sus aplicaciones más conocidas".

En esta obra, que pretende ser de utilidad en las aulas de cualquier nivel educativo, desde la más tierna infancia hasta la universidad, nos empeñamos en el uso de la Web frente a la Red, entre otras cosas, por su carácter dinámico y colaborativo, como veremos a lo largo del libro. Precisamente la Red, Internet, ha permitido el desarrollo de la Web o plataforma digital, cuya evolución y revolución ha consistido en hacernos cada vez más protagonistas de nuestros propios contenidos; pasando, como dicen Pisani y Piotet, de meros internautas a webactores; en definitiva, convirtiéndonos en los actores principales de nuevas formas de expresión y comunicación. En las páginas que siguen se hace un recorrido por las distintas posibilidades que ofrece la Web, centrándonos fundamentalmente en el ámbito educativo y en sus aspectos más didácticos. Es oportuna la obra en el ámbito universitario, ya que permitirá aportar ideas y recursos para el desarrollo de nuevas metodologías acordes con los nuevos planes de estudios, en los que el estudiante se configura como el centro de los procesos de aprendizaje y de las situaciones de enseñanza, y en donde la autonomía, el trabajo en equipo y las relaciones de aprendizaje cooperativo constituyen la base metodológica de la pedagogía del siglo XXI. En el ámbito no universitario también es oportuno, aunque este tipo de metodología es de sobra conocido, pero conviene reforzar todo lo relacionado con las competencias tecnológicas que los chicos y las chicas de hoy desarrollan.

PRIMERA PARTE
DE CADA DIEZ PERSONAS QUE UTILIZAN INTERNET, CINCO SON LA MITAD

(Parafraseando a Les Luthiers)

CAPÍTULO 1
LA RED DE REDES

Internet es, sin duda, la mayor red de comunicación del mundo. La Red de redes, como se suele decir, constituye la mayor fuente de información que haya existido nunca. Internet ha hecho que la información se convierta en "moneda de cambio", adquiriendo un valor económico cuyas cifras sobrepasan el presupuesto de un año de cualquier país europeo. Los biógrafos de Internet señalan dos periodos en la evolución de la Red: de 1969 a 1995, la llamada prehistoria de Internet, donde se van consolidando los distintos estándares, lenguajes, protocolos, etc.; y desde 1995 hasta nuestros días. A partir de 1995 se produce su eclosión: ya no son sólo las universidades, las instituciones de investigación, los bancos y alguna que otra empresa importante. Internet ya está en la calle, es de todos, mejor dicho, de casi todos.

"Internet nació en la insólita encrucijada entre la gran ciencia, la investigación militar y la cultura libertaria", dice Manuel Castells. Los orígenes de Internet hay que buscarlos entre la necesidad paranoica de los Estados Unidos de responder a qué pasaría si recibieran un ataque nuclear y la investigación de algunas universidades sobre informática interactiva y comunicación. En 1958, el Departamento de Defensa fundó la Agencia de Proyectos de Investigación

Avanzada (Advanced Research Projects Agency, ARPA) con el fin de aprovechar las investigaciones de varias universidades sobre informática y procesamiento de información, aventajar en tecnología a la Unión Soviética y preparar una red independiente que, en caso de ataque nuclear, permitiese la comunicación entre los principales centros militares. Esta red se llamó ARPANET, que en septiembre de 1969 se constituyó como una verdadera red de comunicación.

"Ciertamente ARPANET no se creó con un objetivo militar, sino más bien como una forma de compartir la comunicación online entre ordenadores de varios centros de informática y grupos de investigación de la propia agencia", cuenta Castells (2001). En 1969, las universidades de California, en Los Ángeles y Santa Bárbara, y la de Utah ya habían establecido los primeros nodos de la red. En 1971 había 15 nodos entre centros de investigación universitarios. Las conexiones entre las redes de ARPA con las redes de otros centros supuso la necesidad de establecer un protocolo estándar que permitiera la comunicación entre las redes. Es así como en 1973 aparece el Protocolo de Control de Transmisión (Transmisión Control Protocol, TCP), que, junto con el Protocolo Interredes (IP), creado en 1978, forman el conocido TCP/IP estándar sobre el que aún opera Internet. En poco tiempo se fueron interconectando redes y redes hasta formar lo que hoy conocemos como Internet, que es el acrónimo de Interconnected Networks (redes interconectadas).

CAPÍTULO 2
ALGUNOS DATOS

En 1995 se estimaba en cerca de 20 millones los usuarios de Internet. En la actualidad, se estima que hay más de 1.800 millones de usuarios de Internet en el mundo[1], con un crecimiento medio anual del 15,2 por ciento respecto al valor contabilizado en el año 2003. Este dato implica que, a pesar de la crisis, la tasa de crecimiento de esta tecnología ha aumentado. Asia, Latinoamérica y Europa del Este, especialmente en Rusia, registran el principal crecimiento; sin embargo, en Norteamérica, África, Oriente Medio y Oceanía prácticamente se ha estancado. El creciente peso de Asia hace que el eje global de Internet se desplace hacia Oriente; más de cuatro de cada diez usuarios de Internet residen en dicho continente. En China, por ejemplo, reside uno de cada cinco internautas en el mundo.

Los datos de 2010 referidos a España muestran una tendencia al alza. El número de personas que acceden a Internet a partir de los 10 años se acerca a los 27 millones[2], la mayoría con carácter de internauta habitual, de uso frecuente o muy frecuente, lo que supone un 65,4 por ciento de la población mayor de 10 años. La sencillez de uso de Internet es una de las bazas que juega un papel destacado a favor de su expansión. Casi cinco de cada diez usuarios estiman que es más bien fácil de utilizar, y cerca de cuatro de cada diez, que es muy fácil. El porcentaje de los que la consideran una herramienta difícil apenas supera el 10 por ciento[3].

Según el informe e-España 2010 de la Fundación Orange, el principal medio para acceder a Internet es el ordenador personal, fundamentalmente, el ordenador de sobremesa, dispositivo que ha experimentado un descenso con respecto al año 2008. El ordenador portátil sigue ganando adeptos, pues uno de cada dos hogares dispone de este mecanismo para acceder a Internet. Aunque solamente un 11 por ciento de los hogares accede a la Red a través de un teléfono móvil, esta forma de conexión ha registrado un aumento próximo al 40 por ciento con respecto al año 2008.

El uso que de las Tecnologías de la Información y la Comunicación (TIC) hacen los menores de entre 10 y 15 años aumenta vertiginosamente. Puede considerarse que el uso del ordenador es universal entre la población infantil; según la encuesta del INE[4], el 94,6 por ciento de los menores utiliza el ordenador, en tanto que el porcentaje de los que utilizan Internet es del 87,3 por ciento. Por sexo, las diferencias de uso de ordenador y de Internet apenas son significativas. En cambio, la diferencia en la disponibilidad de teléfono móvil a favor de las niñas, en este rango de edad, supera los 7 puntos.

Los resultados sugieren que el uso de Internet, y sobre todo del ordenador, es una práctica mayoritaria en edades anteriores a los 10 años. Por su parte, el momento de la primera disposición de teléfono móvil se incrementa significativamente a partir de los 10 años hasta alcanzar el 92,1 por ciento en la población de 15 años.

No se pretende aquí abrumar con datos (que seguro que en menos de un año han variado considerablemente), pero tampoco los podemos obviar si nuestros intereses se encaminan a tratar los aspectos educativos de este medio, herramienta, recurso, pantalla, plataforma o como quiera que lo llamemos. Más aún si, como siguen apuntando los datos, en el año 2010 el crecimiento de internautas con respecto al año anterior es del 7,1 por ciento[5].

Se muestran a continuación algunos datos numéricos con el fin de que constituyan el primer eslabón de la cadena para la reflexión que se irá proponiendo a lo largo del libro.

LUGAR DE ACCESO A LA RED

DATOS DE 2009	EN CASA	EN EL TRABAJO	EN CASA, AMIGOS O FAMILIARES	EN CENTRO ESTUDIOS	EN BIBLIOTECA	EN PUNTO DE ACCESO DE PAGO	EN PUNTO DE ACCESO PÚBLICO
% de individuos	78,9	38,8	21,1	8,4	9,0	3,8	5,6

FUENTE: ONTSI. RED.ES. OCTUBRE 2010.

Se puede apreciar, según estos datos, que el internauta accede a la Red mayoritariamente en lugares protegidos, donde la intimidad en algunos casos puede jugar una mala pasada, sobre todo a los menores.

PORCENTAJE DE MENORES USUARIOS DE TIC POR SEXOS Y EDAD

	USO DE ORDENADOR	USO DE INTERNET	DISPOSICIÓN DE MÓVIL
Total	94,6	87,3	66,7
Sexo			
Hombres	93,9	86,6	63,2
Mujeres	95,4	88,0	70,4
Edad			
10	92,0	78,0	29,8
11	91,3	85,3	46,4
12	96,4	86,2	68,0
13	95,2	89,9	77,0
14	96,0	90,9	85,7
15	96,7	93,1	92,1

FUENTE: INE. OCTUBRE 2010.

Conviene, para finalizar, no perder de vista otros aspectos relativos a Internet. En general, los datos muestran que entre los usos principales que hacen de la Red los internautas figuran la búsqueda de información y la comunicación. La primera fundamentalmente a través de buscadores genéricos para la consecución de información sobre temas diversos, seguida por la consulta más concreta de noticias. Los buscadores constituyen el servicio más usado por el conjunto de usuarios de Internet. Por lo que respecta a la comunicación, el principal uso que se hace se compone fundamentalmente de correo electrónico y de mensajería instantánea. Se estima que uno de cada cuatro usuarios lee blogs; y que la participación activa en éstos acapara cerca del 12 por ciento de los usuarios. Aumenta también el uso que hace la ciudadanía de la e-Administración para sus trámites con las distintas instancias de la Administración Pública. La faceta educativa de la Red y su uso como ayuda para el estudio es cada vez un elemento de mayor valor añadido entre los usuarios de reciente incorporación, que en cierto modo viene condicionada por un colectivo con un perfil muy joven. Los juegos en red presentan la peculiaridad de ser muy utilizados por aquellos usuarios que, si bien están perdiendo cierta actividad en algunos usos de Internet, la mantienen en su faceta lúdica.

NOTAS

1. Informe e-España 2010: *Informe anual sobre el desarrollo de la información en España*, Fundación Orange.
2. Oleada del panel de hogares. Observatorio Anual de las Telecomunicaciones y la Sociedad de la Información (ONTSI) 2010. Ministerio de Industria, Turismo y Comercio.
3. Ibídem.
4. Encuesta sobre "Equipamiento y Uso de Tecnologías de Información y Comunicación en los Hogares". Año 2010. Instituto Nacional de Estadística.
5. Ibídem.

CAPÍTULO 3
¿QUÉ OFRECE INTERNET?

Internet es un potente medio de comunicación que se convierte también en un medio de expresión de alcance universal. Es, al mismo tiempo, un canal que soporta otros medios o aplicaciones: páginas web, e-mail, grupos de discusión, chat, intercambio de ficheros, videoconferencia, weblog, wikis, podcast, y que utiliza todos los lenguajes: sonido, imagen, texto, gráficos, etc. Las posibilidades que ofrece son muchas, desde su aprovechamiento en la educación, el entretenimiento y la búsqueda e intercambio de información hasta la actividad comercial y económica y, cómo no, la actividad delictiva.

Internet ofrece la oportunidad de conectar con innumerables fuentes de información digital, pone ante nosotros de forma inmediata cualquier información que necesitemos. Facilita el acceso al conocimiento y éste, a su vez, se universaliza. Es un medio extremadamente rico en la variedad de sus contenidos, continuamente actualizados. Su carácter interactivo permite que nos enriquezcamos personal e intelectualmente. Gracias a la Red cualquier persona puede realizar una transacción económica, organizar un negocio, estar al día en lo referente a películas, música, moda, etc. La interactividad que permite la Red nos relaciona con otras personas de manera informal, sin control, que es otra de las características de Internet: el desorden aparente y la espontaneidad en la multitud de relaciones que se establecen. Internet hace que seamos protagonistas de nuestra propia información y hace que ésta sea más compartida, ya que nos sitúa a todos en un mismo plano. No obstante, se debe tener en cuenta lo que apunta Cebrián (1998: 36) cuando señala que "La sociedad digital puede ser un fabuloso instrumento de igualitarismo sin necesidad de aniquilar la pluralidad de opciones y propuestas. Pero puede convertirse, también, en una forma añadida de dominación".

Internet ofrece también algunos inconvenientes, tales como el aislamiento social, la individualidad, el uso ilícito de falsas identidades, la impunidad en algunos actos, el acceso a contenidos no legales y las adicciones. El uso abusivo de Internet está dando lugar a un tipo de patología que se ha dado en llamar *trastorno adictivo a Internet* y, por extensión, al resto de tecnologías como son el teléfono móvil y los videojuegos. Una adicción es una actitud o conducta generada como consecuencia de una dependencia. Los jóvenes dedican a Internet casi la mitad de su tiempo libre, siendo el chat la forma preferida y más habitual para comunicarse entre ellos. Aunque el uso patológico de Internet puede afectar a cualquier persona, los expertos señalan que es a los menores y a los jóvenes a los que afecta con mayor frecuencia, hasta el punto de que ya se les denomina la generación "net" o "punto net".

Otro de los inconvenientes es la veracidad de la información. En muchas ocasiones no es posible contrastar si la información recibida es cierta o hasta qué punto es fiable, lo que debe llevar siempre a comprobar quién es el dueño del sitio que se visita; siempre será de mayor garantía si la información proviene de instituciones u organizaciones conocidas. Bajo la impunidad y el anonimato —aparentemente— de la Red es posible realizar cualquier acto, difundir cualquier información o propagar cualquier mentira. Tal es el caso de los famosos *hoax*, término inglés que podríamos traducir como broma, engaño, bulo o patraña. Prácticamente los *hoax* o bulos nacieron como falsas alarmas de virus informáticos que llegaban por correo electrónico. Algunas de las causas que se intuyen sobre por qué se crea un bulo son:

- Averiguar hasta dónde puede llegar y a cuánta gente se puede "engañar" para jactarse en el entorno cercano.
- Difundir información falsa para perjudicar a una persona, o entidad, o dañar su reputación.
- Recaudar dinero utilizando un sistema piramidal.
- Recolectar direcciones de correo electrónico con las que luego realizar spam (enviar publicidad no deseada).
- Conseguir mediante el engaño el efecto de un virus, apremiando al usuario a eliminar archivos del sistema de su ordenador.

Los Trastornos de la Conducta Alimentaria (TCA), sobre todo los más conocidos, como la anorexia y la bulimia, presentan en Internet un caldo de cultivo para propagar hábitos poco saludables. En la Red se pueden encontrar algunos datos preocupantes como, por ejemplo, algunas weblog de jóvenes anoréxicas en las que se animan unas a otras y se dan consejos sobre cómo mantener esa actitud. Es fácil encontrar un lamentable eslogan que circula por este tipo de páginas que reza: "Comida: esa droga que mata lentamente". Afortunadamente, también se pueden encontrar páginas que ayudan y orientan sobre estos temas; una de las más recomendables es la organización de protección de la infancia en Tecnologías de la Información y la Comunicación: www.protegeles.com.

Finalmente, otro de los problemas actuales de uso perverso de la Red es la pornografía infantil. El Protocolo Facultativo de la Convención sobre los Derechos del Niño relativo a la Venta de Niños, la Prostitución Infantil y la Utilización de Niños en Pornografía[1] entiende por pornografía infantil "toda representación, por cualquier medio, de un menor dedicado a actividades sexuales explícitas, reales o simuladas; o toda representación de las partes genitales de un menor con fines primordialmente sexuales" y califica la pornografía infantil como una violación de los derechos del menor. Por su parte, el Consejo de Europa la define como cualquier material audiovisual que utiliza niños en un contexto sexual. Según ANESVAD[2], la pornografía infantil se ha convertido en el problema que más preocupa hoy en día a los internautas. En respuesta a la pregunta: "¿Qué es lo peor de Internet para ti?", el 40 por ciento reconocía que es la pornografía infantil, por encima de los virus y la falta de seguridad, la lentitud o la posibilidad de ser espiado.

Por su interés se recogen a continuación los consejos para una navegación segura recomendados por ECPAT y UNICEF:

- Los niños y niñas representan un grupo especialmente vulnerable a los peligros del acceso a Internet sin restricciones. Estos peligros se pueden resumir en peligros de contenido, de contacto y de comercio. Algunos consejos prácticos pueden ser:

    - En primer lugar establecer una relación abierta y basada en la confianza.
    - No ocultar a los niños y niñas que en Internet existe información inadecuada y situar el ordenador en una habitación familiar para que se potencie así el uso responsable y compartido.
    - Debemos acordar mediante el diálogo un horario y tiempos de conexión a la Red. Evitamos así su aislamiento y el potencial uso abusivo y descontrolado. También reducimos en parte el grado de vulnerabilidad del niño a encontrarse con contenidos nocivos para su desarrollo físico, mental, espiritual y social.
    - Tenemos que esforzarnos por conocer lugares interesantes en la Red y fomentar la curiosidad del niño y la niña por Internet.
    - Es necesario que se plantee la necesidad de una navegación conjunta, sobre todo en edades más tempranas.
    - Añadiríamos también la responsabilidad de los adultos de conocer diferentes mecanismos de control que les puedan ayudar en la protección de sus hijos, tales como los programas de filtrados y otras opciones de acceso controlado.
    - Como punto importante creemos necesario, del mismo modo, convertir al usuario de Internet en parte activa de todos sus elementos y, por tanto, que nos sintamos responsables de lo que Internet nos está ofreciendo día a día. En esta línea, apelamos a la responsabilidad de todos a conocer los mecanismos que nos permitan denunciar contenidos perjudiciales.

- En cuanto a los consejos generales que podríamos dar a los propios niños y niñas, debemos mencionar la importancia de utilizar un lenguaje apropiado a su edad y a su realidad. En resumen, estos consejos que proponemos engloban los tres grupos de peligros, de contenidos, de contactos y de comercio:

    - Tus datos personales (nombre, dirección, contraseñas) son algo privado, por eso no deberías compartirlos con nadie desconocido, a no ser que tus padres o profesores lo sepan.
    - Conocer gente y hacer amigos a través de Internet es muy divertido, pero sería bueno que les contaras a tus padres a quién has conocido y presentarles a tus nuevos amigos.
    - Si quieres conocer en persona a alguien del "ciberespacio", cuéntaselo a tus padres o profesores.
    - Los chats y foros pueden ser muy divertidos, pero no te quedes en un sitio cuando alguien te hace sentir incómodo o te agrede. Acuérdate siempre que tú controlas lo que está pasando. ¡Con una sola tecla puedes irte!
    - Si te encuentras con algo en Internet que no te guste o te haga sentir incómod@, enséñaselo a tus padres y profes. Y recuerda que Internet puede ser muy divertido, pero el mundo real también. Si a veces has pensado que pasas mucho tiempo delante de tu ordenador, quizá sea una buena idea apagarlo y hacer otras cosas.

NOTAS

1. Citado por ECPAT España y UNICEF-Comité español. ECPAT es una red internacional de asociaciones cuyo objetivo es combatir la prostitución infantil, la pornografía infantil y el tráfico de niños y de niñas con propósitos sexuales.
2. Informe sobre la pornografía infantil en Internet. ANESVAD, 2004.

CAPÍTULO 4
EL PAPEL DE QUIEN ENSEÑA

Conviene reflexionar sobre el papel que debe adoptar el profesorado ante los retos tecnológicos que se presentan. El profesorado es, sin duda, el principal elemento mediador del aprendizaje del alumnado y ambos son elementos notables del acto didáctico. Pero es evidente que el papel del profesorado del siglo XXI debe ser muy distinto al que ha venido desempeñando. La llamada sociedad del conocimiento plantea nuevos objetivos centrados sobre todo en la creación de nuevos conocimientos, el aprendizaje permanente, estrategias para la solución de problemas y usos y procesamiento de la información. Por otra parte, los medios tecnológicos, a su vez, plantean a la educación nuevos retos u objetivos que pasan por replantear los procesos de aprendizaje, es decir, aprender a aprender; por combatir la llamada brecha digital desde una perspectiva de justicia social, o lo que es lo mismo, desarrollar procedimientos de alfabetización digital; y finalmente, por desarrollar propuestas de participación y de trabajo colaborativo entre profesorado, alumnado y entre ambos. En este punto conviene recordar a Buckingham (2002), quien reclama una mayor participación de los jóvenes en la construcción de la sociedad, al tiempo que critica el proteccionismo que adopta la sociedad adulta. La educación para los medios en este caso no debe plantearse como protección de los jóvenes, sino como una forma de preparación con una doble finalidad: que los jóvenes desarrollen la comprensión que tienen de la cultura de los medios y la tecnología y que participen creando y produciendo sus propias historias. Nuestro papel, pues, debe ser el de facilitador o mediador entre los jóvenes y los medios.

Ante este panorama urge la formación, tanto inicial como permanente, con el fin de capacitar al profesorado para el desempeño de su nuevo papel. Es a este último aspecto al que más atención debemos prestarle, pues, por muchas funciones que se nos puedan ocurrir, si el profesorado no se forma para el desarrollo y desempeño de éstas, estaremos ante un modelo de profesor trasnochado, sumiso y tecnocrático, incapaz de tomar decisiones. Las exigencias de la integración de los medios tecnológicos en la enseñanza vienen además desde otros ámbitos: el propio mercado, los intereses de los padres hacia sus hijos, los nuevos saberes, las propias características ventajosas de los medios para algunas tareas y un largo etcétera.

Otro aspecto que se debe tener en cuenta es la propia actitud del profesorado hacia los medios, que, junto con la necesidad de formación, serán las piezas clave para el desarrollo satisfactorio del nuevo papel que ha de desempeñar. Se plantea ahora la clásica dicotomía de enseñar para los medios y enseñar con los medios qué podemos convertir en formación para los medios y formación con los medios. Desde esta perspectiva Cabero, Duarte y Barroso (1998) apuntan: "La primera, implica la formación para adquirir destrezas para la interpretación y descodificación de los sistemas simbólicos movilizados por los diferentes medios y de esta manera ser capaces para capturar mejor la información e interpretar de forma más coherente los mensajes por ellos transmitidos. Y la segunda, la formación para su utilización como instrumentos didácticos, es decir, como instrumentos que por sus sistemas simbólicos y estrategias de utilización propician el desarrollo de habilidades cognitivas en los estudiantes, facilitando y estimulando la intervención mediada sobre la realidad, la captación y comprensión de la información y la creación de entornos diferenciados para el aprendizaje" (*Edutec*, revista electrónica de Tecnología Educativa).

Los ámbitos para la formación en medios tecnológicos son amplios y variados. Casi todos los autores coinciden en aspectos que podíamos considerar fundamentales. Así, el conocimiento técnico de los medios, su aplicación en las distintas situaciones de enseñanza, el uso crítico y el cambio metodológico a que dan lugar, los aspectos semióticos de significado y contenido, la sistematización de los nuevos conocimientos, la investigación y la legislación constituyen el corpus básico para la formación en medios tecnológicos de información y comunicación.

Por lo que se refiere al ámbito más concreto de Internet y de entornos virtuales, es necesaria una formación para el dominio de un amplio repertorio de estrategias que, siguiendo a Monereo *et al.* (2005), pueden sintetizarse en cuatro tipos de competencias básicas:

- Aprender a buscar información, lo que implica un aprendizaje permanente, autónomo, autorregulado y estratégico.
- Aprender a comunicarse supone una comunicación disciplinar, multimedial y comprensible.
- Aprender a colaborar de forma cooperativa, poder aprender en red y desarrollar instituciones que aprendan.
- Aprender a participar, lo que supone una participación personal, pública, empática y crítica como miembro activo y responsable del microsistema social que le rodea.

La formación debería, por tanto, desarrollarse teniendo presentes una serie de criterios que se pueden agrupar en torno a la teoría y a la práctica. Sobre la primera debe contemplarse, en primer lugar, la actitud positiva que el profesorado debe tener hacia los medios tecnológicos en general. Es, sin duda, un factor clave, pues sin ella no es posible un acercamiento a los medios en condiciones de ejercer sobre ellos un apropiado aprovechamiento de sus funciones. Lo que lleva, seguidamente, al conocimiento técnico, con el fin de comprender los sistemas en que están basados dichos medios, así como sus lenguajes específicos y los significados a que dan lugar. Estos aspectos deben darse en el marco de la formación requerida para el conocimiento, uso y selección, es decir, formación para los medios. Finalmente, el que puede considerarse el aspecto más importante es la actitud crítica ante los medios. Actitud que debe impregnar todos los demás aspectos y ser el motor de reflexión y de análisis que permita tomar una opción ideológica sobre el modo y los fines de utilización de los medios, así como de los diversos contenidos que transmiten.

Lo anterior encuentra su materialización en el ámbito de la práctica. En este caso, el primer aspecto es, quizá, el cambio metodológico que un desarrollo coherente de los criterios citados implicaría. El uso de las TIC en la enseñanza supone necesariamente una adecuación de las distintas actuaciones docentes a los diversos modos y posibilidades de los medios, en el sentido de que el que aprende se convierte en verdadero protagonista; y, por otro lado, los elementos curriculares deberán reorganizarse en función de la nueva forma de enseñar. A su vez, los medios se convierten en facilitadores de nuevos aprendizajes en un doble sentido: los que implícitamente poseen programas o contenidos específicos, nuevos lenguajes y significados, nuevas formas de comunicación, etc., y los que, empleados como mediadores de otros contenidos y aprendizajes, son capaces de generar. Es decir, el empleo de los medios como un recurso para el aprendizaje. Asimismo, los medios tecnológicos se convierten en instrumentos de expresión y comunicación cuando, desde una perspectiva crítica, los ponemos a nuestro alcance, construyendo y dando significado a mensajes y desarrollando nuestros propios sistemas de comunicación. Unido a la actitud crítica a la que se ha hecho referencia, se impone la lectura y el análisis crítico de los mensajes construidos por otros y la mediación que ejercen en todos los ámbitos de la vida.

CAPÍTULO 5
EL PAPEL DE QUIEN APRENDE

Para empezar deberíamos preguntarnos sobre el tipo de enseñanza que requiere el alumnado del siglo XXI y, por extensión, la sociedad en general. En Tiffin y Rajasinghan (1997: 25) encontramos una reflexión parecida cuando, a propósito del tipo de sociedad en la que estamos embarcados, se preguntan: "Las escuelas tal y como las conocemos están diseñadas para preparar a las personas a vivir en una sociedad industrial. ¿Qué tipo de sistema se necesita para preparar a las personas a vivir en una sociedad de la información?". Probablemente, algunas de las nuevas funciones del profesorado que han mencionado vayan encaminadas a dar respuesta a esta pregunta, y junto a ellas también debemos contemplar nuevas formas de enseñar y de aprender. En este sentido los mismos autores aventuran que a medida que el desarrollo de la realidad virtual, las telecomunicaciones y la inteligencia artificial consolidan su presencia, la preparación de las personas para vivir en una sociedad de la información debería fundamentarse "en un sistema que se base en las telecomunicaciones y no en el transporte" (p. 26). Por lo que apuestan por un cambio drástico en la enseñanza que se materializa en lo que llaman la clase virtual, es decir, la enseñanza, o más propiamente, el aprendizaje a distancia.

La incorporación de las tecnologías en los centros educativos, como desde hace tiempo diversos autores vienen señalando, no ha supuesto aún un cambio sustancial ni en la metodología ni en la forma de acceder a la información. En este sentido, Simone (2001) señala la paradójica tranquilidad con que la escuela responde a "la Gran Provocación de la Sociedad de los Conocimientos" y dice que se mantiene ajena a dos mecanismos que son esenciales: "a) El veloz proceso de crecimiento del conocimiento, al cual la escuela responde con una lentitud inmensa, transmitiendo solamente un paquete delimitado y estático de conocimientos seleccionados, y no siempre por motivos de calidad: esto se puede formular diciendo que la escuela es cognitivamente lenta. b) El proceso de difusión de metodologías de acceso a los 'santuarios' del conocimiento, ya sean éstos simples enciclopedias o diccionarios o, en una versión más compleja, bancos de datos y repertorios; en otras palabras, la escuela es metodológicamente lenta" (p. 56).

Donde sí se ha producido un cambio sustancial ha sido en los sistemas de procesamiento de información y en los medios de comunicación social que han sabido aprovechar la tecnología para desarrollar complicados códigos simbólicos, sobre todo la televisión, capaces de modificar hábitos y costumbres sociales, y generadores de un pensamiento visual en detrimento, a veces, del pensamiento verbal. Tiffin y Rajasinghan (1997: 33) afirman que "la televisión, en cierto modo, nunca funcionó en las escuelas. Sin embargo, ha llegado a ser el gran educador de nuestra época". El lenguaje icónico ha calado hondo y de una forma tan rápida que contemplamos sus mensajes de forma acrítica y sin llegar a entender muy bien su contenido simbólico. Valga como ejemplo el texto de Eduardo Galeano:

Hay que tener mucho cuidado al cruzar la calle, explicaba el educador colombiano Gustavo Wilches a un grupo de niños:

—Aunque haya luz verde, nunca vayan a cruzar sin mirar a un lado, y después al otro.

Y Wilches contó a los niños que una vez un automóvil lo había atropellado y lo había dejado tumbado en medio de la calle. Evocando aquel desastre que casi le costó la vida, Wilches frunció la cara. Pero los niños preguntaron:

—¿De qué marca era el auto? ¿Tenía aire acondicionado? ¿Y techo solar eléctrico? ¿Tenía faros antiniebla? ¿De cuántos cilindros era el motor? (Patas arriba. La escuela del mundo al revés).

La televisión, como soporte paradigmático de este tipo de lenguaje, ya no es el reflejo de la realidad social, sino que somos nosotros quienes pretendemos reflejarnos en la realidad virtual que nos presenta. Como dice Postman (1991), parafraseando a McLuhan, el medio es la metáfora, el Gran Hermano que nos entretiene.

Ante esta realidad los objetivos educativos deben cambiar. Vizcarro y León (1998: 16) afirman que este cambio en los objetivos debe privilegiar "la comprensión, la comunicación, tanto oral como escrita, la autonomía en el aprendizaje, la obtención, selección y análisis crítico de la información y la resolución eficiente de problemas". Ahora más que nunca el papel del alumnado es el de protagonista de su propio aprendizaje, es a la vez aprendiz y experto. El volumen de información es tan grande que se requieren nuevas maneras de conocer y de comprender, lo que implica un modelo de enseñanza que favorezca un aprendizaje más autónomo, construido sobre los conocimientos existentes, capaz de dar significado a la realidad y capaz de producir abstracción y transferencia. Un aprendizaje, por tanto, que capacite para comprender los múltiples lenguajes generados por los sistemas tecnológicos y que permita a su vez la construcción de nuevos mensajes. La capacidad de comprender se convierte en un elemento básico del aprendizaje; a este respecto, Nickerson (1995) estima que se produce comprensión cuando se han desarrollado, entre otras, las capacidades de aplicación del conocimiento de forma apropiada en distintas situaciones, producción de representaciones cualitativas adecuadas, realización de analogías pertinentes y predicción del efecto de cambios en estructuras o procesos.

Todo lo anterior debe acercarnos a un sistema de enseñanza que desarrolle en las personas actitudes, capacidades y habilidades suficientes para manejar la información. Birenbaum (1996, citado por Vizarro y León, 1998) sintetiza de la siguiente manera las competencias básicas que se requieren de un individuo en la edad de la información:

- Competencias cognitivas como solución de problemas, pensamiento crítico, formulación de preguntas pertinentes, búsqueda de la información relevante, realización de juicios informados, uso eficiente de la información, realización de observaciones, investigaciones, invención y creación, análisis de datos o presentación de trabajos y conclusiones de forma eficiente, tanto oralmente como por escrito.
- Competencias metacognitivas que le capaciten para la autorreflexión y la autoevaluación.
- Competencias sociales que le permitan participar y, en su caso, dirigir discusiones de grupo, persuadir, trabajar cooperativamente, etc.; y, finalmente:
- Disposiciones afectivas que hagan posible un trabajo eficaz, tales como la perseverancia, la motivación intrínseca, un buen nivel de iniciativa y una actitud responsable, así como la percepción de autoeficacia o la suficiente independencia, flexibilidad y capacidad para enfrentarse a situaciones frustrantes cuando resulte necesario.

Por otra parte, no hay que olvidar dos modos importantes de aprendizaje: el individual y el colectivo. El aprendizaje individual, desde el punto de vista de la adquisición de conocimientos, es de naturaleza idiográfica y, por tanto, es uno solo el que aprende y es un solo estilo de aprendizaje el que desarrolla. El aprendizaje colectivo, en el sentido de la teoría de la acción comunicativa de Habermas (1986), supone el desarrollo de procesos de aprendizaje entre iguales, el intercambio de significados y experiencias y la participación crítica y activa en espacios de comunicación que permitan establecer acuerdos universales. Estas dos concepciones, en apariencia contrapuestas, son más bien complementarias.

Desde esta perspectiva, las TIC, más concretamente el uso del ordenador, pueden ejercer una función primordial si sabemos ponerlas a nuestro servicio. Algunas tendencias han hecho hincapié en aprendizajes individuales: el alumno frente al ordenador, Enseñanza Asistida por Ordenador (EAO), las aulas Apple del futuro (Apple Classrooms of Tomorrow, ACOT). Sin embargo, el empleo y el estudio de algunas tecnologías como Internet y, sobre todo, las aplicaciones de la Web colocan en el mismo plano al que aprende y al que enseña. Algunos ejemplos de este tipo de propuestas los encontramos en la utilización de aplicaciones colaborativas, como el caso de las wikis, el empleo y desarrollo de software libre, las herramientas de Office gratuitas para trabajar online, como es el caso de Google Docs, el proyecto educativo de Google llamado Google Apps Educación (con un buen número de herramientas para trabajar en línea) o el proyecto colaborativo de la misma empresa, el Global Warming Student Speakout, en el que estudiantes y profesores utilizan software colaborativo con el fin de diseñar estrategias contra el calentamiento global del planeta. Se hace, pues, necesario emplear estrategias metodológicas que permitan el aprendizaje colectivo. Así, la metodología que propicia la idea de aprender todos juntos es la puesta en práctica del aprendizaje cooperativo (Johnson y Jonson, 1999), en donde el aprendiz, que es el eje central de toda la actividad, debe interactuar con otros aprendices, por lo que se genera una dinámica de trabajo en equipo en la que cada uno necesita la colaboración de los demás para llevar a cabo determinadas tareas estructuradas. Los expertos señalan que el uso del ordenador, de Internet y de las distintas aplicaciones de la Web hacen que el estudiante aumente su interés por la materia estudiada, mejore su capacidad para resolver problemas, adquiera mayor confianza en sí mismo, aprenda a trabajar en grupo y a comunicar sus ideas y aumente su creatividad e imaginación.

CAPÍTULO 6
CÓMO PODEMOS ENTENDER EL USO DE LA WEB

De todo lo visto hasta ahora arranca nuestra forma de plantear las posibilidades didácticas que nos ofrece la Web. Lo hacemos a partir de la teoría de los tres ejes (Moreno Herrero, 1998) o formas de utilización que están estrechamente relacionadas. Estos tres ejes son el uso de la Web como:

A) INSTRUMENTO Y RECURSO

Hacemos referencia a la utilización de esta gran aplicación —tanto desde el punto de vista del software como del material elaborado por nosotros mismos— como un recurso a utilizar en distintos momentos de nuestra práctica docente. Van a ser instrumentos al servicio de las estrategias metodológicas. Desde la perspectiva de los recursos, entendiendo éstos como una forma de actuar (Moreno Herrero, 2004), es decir, como la capacidad de decidir sobre el tipo de estrategias que se van a utilizar en los procesos de enseñanza, los medios tecnológicos, las aplicaciones web, forman parte de los componentes metodológicos en la categoría de material curricular, puesto que se convierten en herramienta de ayuda a la construcción del conocimiento. Idea que venimos desarrollando desde hace tiempo al considerar la tecnología como material curricular.

Las aplicaciones informáticas como soporte tecnológico de procesos de comunicación y de representación simbólica se convierten en un elemento mediador de las situaciones de enseñanza y de los procesos de aprendizaje.

B) MEDIO DE EXPRESIÓN Y COMUNICACIÓN

La comunicación como actividad que permite la relación entre las personas y para el intercambio de información es compartida tanto por la educación como por las tecnologías de la información y, especialmente, por Internet, como se ha visto cuando hemos hablado de este medio. La comunicación es en sí misma la razón de ser de la expresión, pues ésta es una necesidad natural de comunicar. "Vivir es expresarse", dice el profesor Siguán; y es que la expresión es la manifestación de ser en el mundo. Las tecnologías de la información, los medios tecnológicos, las aplicaciones informáticas facilitan diversas formas de representación. Pongamos un ejemplo: la realización de un documento sonoro, una pieza de radio o un podcast.

Una pieza de audio, al utilizar diversos lenguajes, permite la elaboración de mensajes materializados en diversas formas de representación simbólica. De esta forma podemos construir un mensaje y comunicarlo por medio de sonidos y efectos. Ese mismo mensaje se puede convertir en palabras. Imaginemos un amanecer en el campo, el susurro aterciopelado del aire acariciando las hojas de los árboles, el dulce gorjeo de algún pájaro, el sonido cristalino e incesante de un arroyo cercano... Hay palabras para expresar una imagen así, evidentemente, de hecho lo acabamos de hacer. Pero hay algo más que las palabras, porque incluso para componer esta pequeña descripción hemos recurrido al empleo de sinestesias y, sobre todo, a la experiencia y percepción de quien lo describe. En una pieza de audio es posible además decir lo mismo sin palabras, sólo con el empleo de sonidos cuyo significado conocemos para poderlo interpretar. Junto a ese lenguaje sonoro podemos añadir el lenguaje musical, que emplearemos según nuestra percepción y las connotaciones que para nosotros tenga, lo que provocará a su vez en el receptor una serie de imágenes en base a su experiencia...

Lo que intento decir es que los medios, desde el punto de vista educativo, se convierten en vehículos para que cada uno pueda buscar su propia forma de representación. Una idea parecida la encontramos en Eisner (1987: 84), para quien las formas de representación son "dispositivos usados por los individuos para hacer públicas las concepciones que tienen en privado". Por tanto, los medios tecnológicos facilitan diversas formas de expresión, entendiendo ésta como la manifestación de procesos de reflexión que implican la capacidad de conceptuación y de la adquisición de conocimientos, motivados a su vez por la percepción multisensorial y la experiencia de cada individuo. En la expresión se integra lo percibido y lo experimentado para proyectarlo transformado. Es, pues, un proceso creativo que pone en marcha mecanismos de transformación y de búsqueda de nuevas posibilidades —originalidad— con la intención de comunicar. De forma gráfica tendríamos:

PROCESO DE EXPRESIÓN

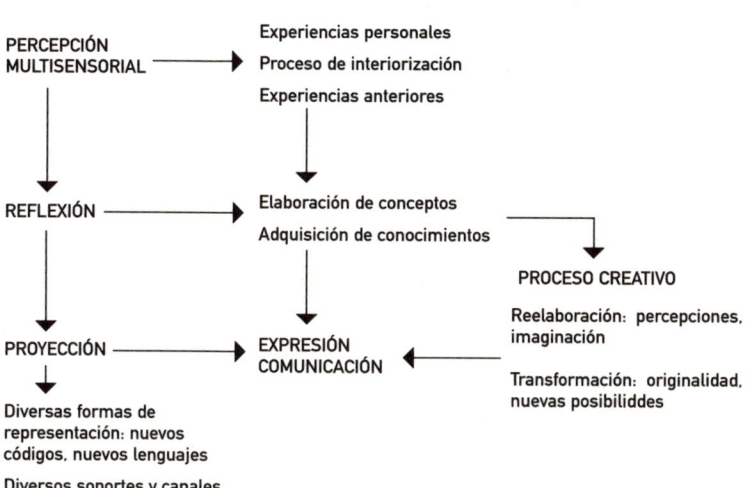

C) ANÁLISIS CRÍTICO DE LA INFORMACIÓN

La rapidez con que hoy en día se sucede todo, los cambios y transformaciones a que nos vemos sometidos, que alteran, incluso, nuestra manera de vivir y entender el mundo, la sobredosis de información que nos atrapa en la maravillosa red de la electrónica hacen de nosotros seres inadecuados. Es precisamente aquí donde encontramos nuestra tercera vertiente, en la información que nos llega, en el vertiginoso flujo de mensajes, en la interpretación de la realidad que hacen otros, en fin, en las redes de comunicación cada vez más tupidas. Ante esto es necesario una reflexión crítica; analizar críticamente supone poner en tela de juicio todo, no conformarse con verdades a medias: supone tomar postura desde nuestra concepción del mundo y de la realidad.

Desde la perspectiva de la educación es necesario articular sistemas de enseñanza que capaciten al alumnado para desarrollar actitudes y habilidades en el manejo y tratamiento de la información. Una de la nuevas funciones del profesorado apunta en esa dirección. Por otra parte, es preciso dotarnos de instrumentos que nos capaciten para analizar y entender los múltiples mensajes, y algunas de las aplicaciones web facilitan ese proceso. Podemos elaborar nuestros propios instrumentos al tiempo que diseñamos actividades que desarrollen el conocimiento y estudio crítico de la información que nos llega; en esa dirección caminan algunos de los trabajos colaborativos mediante la Web.

Con todo este proceso ponemos en juego la capacidad de descodificación y análisis de la información, conocemos mejor los medios y sus lenguajes específicos, y conocemos el proceso de elaboración de la información y los recursos que se emplean.

En fin, todo este análisis, este desengranaje, debe servir para que, a medida que aumenta el conocimiento, se pongan en marcha los mecanismos psicológicos de representación y utilización de otros códigos.

Como educadores y como habitantes de este mundo tenemos la obligación de vigilar el entorno que nos rodea para procurar que sea más humanizado. Y esto sólo es posible desde la autonomía personal, la solidaridad y la comprensión.

La siguiente tabla muestra algunos aspectos de la incidencia en el proceso educativo desde cada uno de los tres ejes, así como los productos resultantes relativos a materiales, medios y aplicaciones susceptibles de ser empleados. Lo que se apunta en la tercera columna sólo son sugerencias; conviene recordar que cada medio y cada tipo de material no siempre sirven para todo, las características técnicas y específicas de cada uno posibilitan un determinado uso, así como la situación concreta de las personas que intervienen en los procesos de enseñanza y de aprendizaje.

USOS	INCIDENCIA EN EL PROCESO EDUCATIVO	TIPO DE PRODUCTO
Como instrumento y recurso.	• Recurso para las distintas áreas, tales como presentación de temas, actividades de motivación, eje globalizador, actividades de síntesis y aplicación, evaluación, etc. • Desarrollo de actitudes y hábitos de escucha y respuesta en las distintas situaciones comunicativas. • Desarrollo de actitudes cooperativas. • Instrumento de evaluación y autoevaluación. • Desarrollo de la comunicación multimedial. • Búsqueda de información.	• Web temáticas. • Pizarra digital. • Ordenador, cámaras digitales, lectores de audio y vídeo. • Fotografías, películas, presentaciones informáticas, grabaciones de audio, hipertextos e hipermedia. • Videojuegos. • Internet. • Aplicaciones web. • Utilización de diferentes herramientas de autor (software).
Como recurso para la expresión y la comunicación.	• Desarrollo de proyectos y contenidos específicos de las áreas. • Desarrollo de procedimientos de expresión y comunicación. • Aprendizaje y hábitos de participación y colaboración. • Desarrollo del aprendizaje permanente y autónomo. • Actividades de expresión oral, escrita, plástica, musical, dramática, etc. • Desarrollo de la imaginación y la capacidad creadora. • Elaboración de informaciones, noticias, etc. • Creación de todo tipo de actividades.	• Desarrollo de proyectos y temas variados, tales como ecología, consumo, armamento, libertades, deportes, jóvenes, etc. • Creación de poemas, canciones, música... utilizando distintos soportes técnicos. • Elaboración de programas de radio, podcast. • Realización de vídeos, documentos audiovisuales, etc. • Creación de web, blogs, wikis, WebQuest. • Creación y aplicación de actividades utilizando herramientas de autor (software). • Utilización de aplicaciones para la comunicación (e-mail, chat, videoconferencia, etc.).

USOS	INCIDENCIA EN EL PROCESO EDUCATIVO	TIPO DE PRODUCTO
Como análisis crítico de la información.	•Desarrollo de mecanismos de representación simbólica y utilización de otros códigos. •Desarrollo de la capacidad de descodificación y análisis de la información. •Conocimiento de las distintas herramientas y aplicaciones y sus lenguajes específicos. •Conocimiento del proceso de elaboración de la información. •Elaboración de los propios instrumentos de análisis: guías de audición, escalas de observación y análisis de contenidos, etc.	• Análisis de contenidos de páginas web y otros medios de comunicación. • Realización de encuestas, reportajes en distintos soportes (audio, vídeo). • Visitas a sedes de periódicos, de emisoras de radio y televisión.

SEGUNDA PARTE
ARMAS DE COLABORACIÓN MASIVA

CAPÍTULO 7
LA WEB

Armas de colaboración masiva, así es como llaman Tapscott y Williams (2007) a todas aquellas aplicaciones y desarrollos de la Web que consisten en favorecer la colaboración y participación de cualquier persona. Aplicaciones cuya característica es el trabajo colaborativo en todos los ámbitos: económico, político-alternativo, social, creativo y de expresión, nuevos conocimientos, etc. Las grandes empresas de ocio y negocio en Internet, las corporaciones que parecían tener la patente sobre la información, incluso los gobiernos sucumben ante la avalancha de personas que son capaces de organizar sus propias redes, negocios o comunicaciones. Las nuevas herramientas tecnológicas hacen posible el acceso de las personas a la creación de sus propios contenidos y a la generación de sus propias redes o comunidades virtuales. Estas comunidades virtuales, en el sentido que apunta Castells (2001), se basan en dos características culturales compartidas de gran importancia. La primera es el valor de la comunicación horizontal y libre. La actividad de las comunidades virtuales encarna la práctica de la libertad de expresión a nivel global en una era dominada por los grandes grupos mediáticos y censuradoras burocracias gubernamentales. El segundo valor compartido es la capacidad de cualquier persona para crear su destino en la Red y, si no lo encuentra, para crear y publicar su propia información, suscitando así la creación de una nueva Red.

Es la fuerza del ciudadano de la que habla Cremades (2007: 64), el *micropoder*, que surge de la colaboración y de la acción social mediada por la nueva tecnología y que el autor define así: "Precisamente, las nuevas tecnologías se caracterizan porque, a diferencia de las antiguas, potencian y perfeccionan lo que pueden considerarse instrumentos de la praxis humana, en especial la propia capacidad de conocimiento. Esta característica tiene una importante repercusión en la acción social, haciendo surgir el concepto de micropoder. En lugar de una sociedad dividida entre una masa ciega y pasiva, por un lado, y una élite inteligente y activa, las nuevas tecnologías posibilitan el surgimiento de una masa inteligente, activa y revolucionaria, con un grado de interrelación social altísimo, que hará de los que permanezcan al margen de ella una minoría desconocedora, inactiva y muy apegada a unas tradiciones apenas justificables de manera racional".

Ideas similares las encontramos otra vez en Castells (2009). En su obra *Comunicación y poder* acuña el término autocomunicación de masas, ya que, gracias a Internet y a los dispositivos tecnológicos, se ha creado un nuevo entorno comunicativo diferente al de los medios tradicionales, lo que conlleva a un cambio en las relaciones de poder: "En la sociedad red, los discursos se generan, se difunden, se debaten, se internalizan y finalmente se incorporan en la acción humana, en el ámbito de la comunicación socializada construido en torno a las redes-globales de la comunicación digital multimodal, incluyendo los medios de comunicación e Internet. El poder en la sociedad red es el poder de la comunicación" (p. 85). De ahí su concepto de *audiencia creativa*, que define como "la aparición de la producción interactiva de significado" y es fuente de la cultura de remezcla que caracteriza el mundo de la autocomunicación de masas.

Lo importante, señalan Pisani y Piotet (2009: 23, 24), es que la Web actual es el producto de los efectos de redes que se producen cuando un gran número de internautas lleva a cabo gran parte de sus actividades en la Web, utilizando su dimensión colaboradora e interactiva. De hecho, estamos asistiendo a la apropiación de la

Web por parte de los webactores, conectados los unos a los otros en red. Indican, a su vez, que los desarrollos más interesantes se articulan en torno a seis elementos:

1. Plataforma: la Web se convierte en la plataforma en la que podemos hacer "casi" todo: enviar e-mails, compartir documentos, hacer transacciones comerciales, conversaciones telefónicas, etc.
2. Recibir/publicar/modificar: la plataforma permite interactuar. Cuando se encuentra o se modifica la información, empieza la comunicación. Los usuarios contribuyen insertando sus comentarios y "subiendo" sus propios contenidos en los blogs y los wikis.
3. Alta velocidad: los grandes conductos por los que viajan textos, imágenes y vídeos atraen cada vez a más usuarios. Sin duda, lo más importante es que permiten estar siempre conectado *(always on)*. Y las redes móviles están a punto de añadir otra dimensión al fenómeno.
4. Contribuciones: la alta velocidad estimula las contribuciones y facilita las modificaciones de la plataforma.
5. Efectos de red: las contribuciones aumentan hasta el punto de crear un conjunto que es mayor que la suma de sus partes. Empresas y tecnologías explotan el contenido generado por los usuarios para desarrollar nuevas formas de negocio. La naturaleza del saber cambia y deja entrever la posibilidad de sacar partido de formas emergentes de inteligencia colectiva.
6. La "larga cola": la Web da lugar a nuevas oportunidades de creación de valores, especialmente en los mercados de nichos, lo que abre el camino a una economía de la diversidad y de la abundancia.

Todo lo anterior puede incluirse bajo el amparo del concepto, desacreditado por unos y ensalzado por otros, Web 2.0, pero casi nadie se pone de acuerdo en la definición exacta de este concepto. Nafría (2008) se acerca a una posible definición que sitúa en tres puntos clave: como segunda fase de Internet, la segunda etapa de los proyectos y negocios de la Red; como una nueva manera de ofrecer servicios, es decir, como una plataforma de aplicaciones y, finalmente, como la etapa en que el usuario es "el nuevo rey de Internet", el usuario se convierte en creador de contenidos y servicios. Hay un consenso generalizado acerca del nacimiento del concepto Web 2.0. Fue el presidente del grupo editorial O'Reilly Media, Tim O'Reilly, quien, en un artículo[1] publicado en septiembre de 2005, intentó aclarar lo que un grupo de ejecutivos de O'Reilly Media y de Media Live International habían discutido sobre ese concepto en una reunión que dio lugar, en el 2004, a la primera edición de la Web 2.0 Conference, celebrada en San Francisco, que fue donde se popularizó el concepto de Web 2.0.

Un ejemplo que nos puede acercar a comprender el nuevo concepto es la lista de equivalencias que en aquella reunión surgió como fruto de un *brainstorming* y que O'Reilly refleja en su artículo. Se reproducen a continuación algunas de esas equivalencias:

WEB 1.0	WEB 2.0
DoubleClik	Google AdSense
Británica Online	Wikipedia
Páginas personales	Blogging
Agregar información de otras webs	Servicios web
Publicación	Participación
Sistemas de gestión de contenidos	Wikis
Directorios (taxonomía)	Marcar con etiquetas (*folksonomy*)
Adherencia (*stickiness*)	Sindicación

Sea como fuere, lo cierto es que bajo el concepto de Web 2.0 ha ido surgiendo todo un arsenal de aplicaciones que constituyen lo que en el título de esta segunda parte del libro hemos denominado *armas de colaboración masiva*. La Web 2.0 es una nueva forma de inteligencia colectiva, capaz de crear un sinfín de relaciones haciendo que la red sea cada vez más tupida. Los más críticos aseguran que "los grandes" se aprovechan de la actividad colectiva y voluntaria de los usuarios, que son los que en realidad hacen el trabajo.

En fin, la Web 0, si se quiere, la Web 2.0 es la gran aplicación desarrollada por todas las personas y para todas las personas y de la que, a pesar del gran número de herramientas que pone a nuestro servicio, aún no podemos decir gran cosa, precisamente por su carácter dinámico y abierto, o como dicen Pisani y Piotet (2009: 45): "Resulta difícil teorizar la Web porque se caracteriza por ser abierta, relacional y comunitaria, porque ha sido construida por los que la utilizan y porque, por si fuera poco, se rige por costumbres que aún se están creando. Por todo ello, se presta poco a la conceptualización, y no persigue objetivos predefinidos, lo que dificulta aún más la comprensión de este fenómeno. El gran número de sitios, de hábitos diferentes, de servicios y de posibilidades la convierten en un lugar muy heterogéneo. Con frecuencia, la Web es la respuesta a una necesidad de los usuarios que no se había contemplado".

Algunas de esas armas de colaboración masiva van a constituir las siguientes propuestas de trabajo con el propósito, sobre todo, de contribuir a su conocimiento y uso en el ámbito educativo.

NOTAS

1. "What is Web 2.0. Design Patterns and Business Models for the Next Generation of Software" (Qué es la Web 2.0. Patrones de diseño y modelos de negocio para la siguiente generación de software). Véase en: http://oreilly.com/web2/archive/what-is-web-20.html
Hay un versión en castellano en el sitio de la Fundación Telefonica: http://sociedadinformacion.fundacion.telefonica.com/DYC/SHI/seccion=1188&idioma=es_ES&id=2009100116300061&activo=4.do?elem=2146

CAPÍTULO 8
PARA PONERNOS DE ACUERDO

Sí, podemos ponernos de acuerdo, sobre todo para aclarar algunos conceptos y saber de qué estamos hablando.

SOBRE NAVEGADORES

Navegador: programa que permite acceder a todo tipo de información de Internet. Con un navegador se puede visualizar y navegar por webs, ftp, e-mail, chat, grupos de noticias, etc. Los más utilizados son Explorer, Mozilla Firefox, Google Chrome y Safari.

SOBRE BUSCADORES

Buscadores

Actualmente puede considerarse como tipo de buscadores las tres primeras categorías que aparecen a continuación; el resto ha pasado a formar parte de algunas de éstas:

Jerárquicos: llamados también arañas (Spiders), recopilan información sobre contenidos de las páginas. Basta una sola palabra para que presenten resultados posibles. Los más conocidos son Google y Bing.

De directorio: ofrecen directorios de direcciones web. Cada vez hay menos de este tipo. Algunos antiguos (que ya buscan de forma jerárquica) son Yahoo y Open Directory Project (proyecto colaborativo de Mozilla). Google puede estar también en esta categoría.

Metabuscador: es el buscador de buscadores. Buscará lo que hayamos indicado y mostrará resultados de lo que nos interesa en todos los buscadores —o motores de búsqueda— en los que aparezca la información que necesitamos. Algunos metabuscadores en español: ya.com (de la compañía France Telecom España); netpandora.com; buscamultiple.com.

Buscador de la Web 2.0: algunos autores comienzan a llamar así a un tipo de buscadores especializados en entornos propios de la Web 2.0, tales como blogs, wikis, sitios favoritos, lectores RSS. El sistema de búsqueda se basa en etiquetas (tags). Algunos buscadores de este tipo son agregax.es, kratia.com, technorati.com, simpy.com o digg.com.

Temáticos: información clasificada por temas: Yahoo, Ozu, Lycos, Eureka, Elcano.

Verticales: buscadores muy especializados en temas o sectores concretos. Por ejemplo, Nestoria, especializado en el sector inmobiliario, o Trovit, que es un buscador de anuncios clasificados.

Motores de búsqueda: son programas que buscan continuamente en la Red. Podemos encontrar lo que buscamos mediante palabras clave: Altavista, Google, Lycos, Ozu.

SOBRE BÚSQUEDAS

Operadores booleanos

Son símbolos que nos ayudan a "afinar" la búsqueda —en los buscadores de directorio— cuando utilizamos más de una palabra. Cada buscador los utiliza a su manera, por eso conviene leer la página de ayuda de los buscadores.

Los operadores más comunes son:
- AND (+): para encontrar documentos que contengan ambos términos.
  Ejemplo: videojuegos AND aventuras.
- OR: para encontrar documentos que contengan cualquiera de los dos términos.
  Ejemplo: videojuegos OR aventuras.
- NOT (-): para encontrar documentos que contengan uno de los términos y no el otro.
  Ejemplo: videojuegos NOT aventuras.
- * (asterisco): para encontrar lo relacionado con algo incompleto.
  Ejemplo: biblio*: aparecerán biblioteca, bibliografía, etc.
- " " (entre comillas): para delimitar la búsqueda sólo a lo que nos interesa.
  Ejemplo: "tu nombre": sólo aparecerá lo relacionado con tu nombre.

SOBRE PROGRAMAS

Ir de wares (a la caza de programas)

Los productos suelen ofrecer diferentes versiones: unas se pagan, otras son gratis y otras a prueba. Cuando te descargues un programa (download) fíjate en el tipo de ware que es.

Adware: programas gratuitos, pero en los que el propietario incluye publicidad.
Demoware: el propietario pone en circulación una demostración del producto de forma gratuita. Sus posibilidades son limitadas.
Freeware: el propietario pone en circulación el producto de forma gratuita sin límite de tiempo.
Shareware: el propietario pone en circulación el producto para que los usuarios lo prueben durante un periodo de tiempo, después del cual se ha de pagar si se quiere seguir utilizando.
Spyware: son los llamados programas espías, también maliciosos (malware). En realidad, son pequeños programas adicionales que se instalan cuando instalamos otros programas (normalmente bajados de Internet) cuya función principal es recopilar información de nuestro ordenador fundamentalmente con fines comerciales. Por el contrario, hay programas anti-spyware para detectar y acabar con esos peligros.

SOBRE TÉRMINOS RELACIONADOS CON LA WEB

Agregador: llamado también agregador de noticias. Es una aplicación que permite suscribirse a noticias en formato RSS. Reúne las noticias publicadas por los sitios web de información que hayamos elegido. (Algunos de los más conocidos son Google Reader, My Yahoo.)
Banner: anuncio o cartel que se inserta en la página web.
Blog: véase weglob.
Blogger: es un servicio para crear y publicar blogs en línea.
Blogosfera: es el conjunto de todos los blogs del mundo.
Código abierto (Open source): es el software desarrollado y distribuido de forma libre.
Cookie (Galleta): son pequeños ficheros que se generan en el disco duro de tu ordenador cuando se visitan

determinadas páginas, con el fin de tener acceso a algún tipo de recurso de esa página.

DNS (Sistema de nombres de dominio): es un servicio de búsqueda de datos de uso general. Algunos de los dominios más importantes son .com, .org, .net, .edu, .es.

E-mail (correo electrónico): sistema que permite enviar información entre usuarios.

Foros de discusión: es un servicio automatizado de mensajes, a veces moderado por un propietario, en el que los suscriptores reciben mensajes dejados por otros en torno a un tema dado. Los mensajes se envían por correo electrónico.

FTP (File Transfer Protocol): protocolo que permite transferir ficheros entre un ordenador local y otro remoto.

Gadget: es un dispositivo dinámico o un artilugio con una función específica. Puede estar alojado en páginas web o en el ordenador. Son esas pequeñas herramientas con diseños vistosos que nos indican la hora, calculadora, conversor de moneda, indicador de tiempo atmosférico, calendario, herramienta de traducción, juegos, etc.

HTML (Hiper-Text Markup Lenguaje): lenguaje de programación con el que se escriben las páginas web a las que accedemos con los navegadores. Permite componentes hipertextuales y multimedia.

IRC (Internet Relay chat): más conocido como chat. Es un sistema de conversación multiusuario, que permite la comunicación en tiempo real.

Licencia Creative Commons: se trata de una licencia para compartir información de todo tipo de forma libre; no obstante, permite precisar en qué condiciones se va a compartir.

Lista de correo o de distribución: lista de direcciones electrónicas utilizadas para distribuir mensajes a un grupo de personas.

Moblog: son los blogs escritos desde dispositivos móviles (teléfono, pda, iPhone, iPad).

News: área automatizada en la que los suscriptores de un determinado grupo dejan mensajes sobre temas específicos al resto de usuarios.

P2P (Peer To Peer [de terminal a terminal]): es un sistema de trueque electrónico entre dos usuarios que permite intercambiar ficheros de manera directa gracias a un software o programa que ofrece un tercero. Uno de los ejemplos más conocidos ha sido Napster, que ha permitido a millones de usuarios intercambiar sus ficheros musicales.

Página web: es un bloque de datos (información) disponible en la World Wide Web, como resultado de hipertextos e hipermedia que podemos visualizar mediante un navegador.

Plug-ins: son programas que añaden nuevas funciones al navegador, y permiten al usuario una mayor interactividad en la Red.

Podcast: es como los diarios, bitácoras o weblog, pero hablado. Es un archivo de sonido que se graba para que lo pueda oír cualquiera.

RSS (Rich Site Summary): es un formato de texto, estándar y público que se utiliza para la distribución de información. Normalmente se accede a un sumario de titulares de noticias sin necesidad de entrar en el sitio web que las publica. Actualmente, este sistema está integrado en los navegadores. Permite la suscripción.

Servidor: macro-ordenador dedicado a gestionar el uso de la Red por parte de otros equipos.

Slog (Site log): es un blog creado dentro de una página web, como si fuera una sección más de ese sitio. Normalmente lo utilizan empresas.

Tag: son marcas o etiquetas que indican cómo se verá o cuál será el comportamiento de textos o cualquier elemento u objeto en la Web. Forman parte del código de una página web y permanecen invisibles; si abrimos el código fuente de la página, las encontraremos entre </>.

URL (Universal Resource Locators [Sistema de localización de recursos]): es una dirección de Internet o de una página web. Por ejemplo, la URL de la Web de la Universidad Complutense de Madrid es http://www.ucm.es

Normalmente, en este tipo de dirección aparecen el protocolo usado de comunicación (http) y la dirección de la máquina u ordenador, el sitio donde está alojada y el nombre del fichero (ucm.es).

Web: espacio de Internet en el que tiene cabida todo tipo de información. En esta obra la estamos considerando como una gran aplicación.

Weblog: llamado también bitácora, es un diario electrónico en el que su autor publica regularmente ideas, artículos y opiniones sobre algún tema en específico. Admite comentarios por parte de los lectores. También se conocen como ciberbitácora, ciberdiario y blog.

Webmaster: es la persona que programa y mantiene un sitio web. Wikipedia habla de webmistress, que sería el femenino.

Widget: es una pequeña aplicación que añade funcionalidad a otras aplicaciones. Ver gadget.

Wiki: es un sitio web construido de forma colaborativa por usuarios voluntarios. Algunas son abiertas y universales (el mejor ejemplo es Wikipedia). Otras están construidas por un grupo determinado de usuarios con fines concretos y requieren una suscripción.

Vlog: es un videoblog. Con la posibilidad de "embeber" vídeos de otros sitios (enlace a un videoclip de la Red que se muestra dentro del mismo vlog).

XML (eXtensible Markup Language [Lenguaje de etiquetas extensible]): es un lenguaje estandarizado y público para escribir páginas web. Está pensado para poder definir todo tipo de contenidos.

CAPÍTULO 9
SOBRE LAS PROPUESTAS DE TRABAJO

Cada persona tiene su forma de aprender. Unas serán más deductivas, otras más inductivas, otras se manejarán a base de analogías, otras buscarán trucos nemotécnicos, otras compartirán sus ideas, otras serán más pragmáticas; en fin, cada persona tiene un estilo de aprendizaje y eso hace que cada una aplique diferentes estrategias para aprender. Podemos decir que una estrategia es una acción específica para resolver un problema. De forma general se pueden distinguir estrategias cognitivas, afectivas y sociales. El profesorado y los educadores también emplean estrategias para enseñar, con el fin de que se produzca aprendizaje.

Las diferentes actividades que se proponen en el capítulo siguiente constituyen el ámbito de aprendizaje y son, a su vez, marcos de referencia para el empleo de diferentes estrategias, tanto de aprendizaje como de enseñanza. Como ya se ha señalado en la primera parte de esta obra, el empleo y el estudio de algunas aplicaciones de la Web colocan en el mismo plano al que aprende y al que enseña, a diferencia de otro tipo de situaciones de aprendizaje más clásico. Por eso es necesario emplear estrategias de enseñanza que permitan "aprender todos juntos", alumnado, profesorado y educadores en general.

Como ya se ha indicado también en la primera parte, la metodología que propicia la idea anterior es la puesta en práctica de lo que se ha llamado el aprendizaje cooperativo, en donde el aprendiz es el eje central de toda la actividad que debe interactuar con otros aprendices, por lo que se genera una dinámica de trabajo en equipo (parejas, pequeños grupos, grupos expertos, grupos homogéneos, heterogéneos y gran grupo), en donde cada uno necesita la colaboración de los demás para llevar a cabo determinadas tareas estructuradas. Johnson y Johnson, psicólogos sociales precursores del método de aprendizaje cooperativo (*learning together* [aprender juntos]), lo definen como "el empleo didáctico de grupos reducidos en los que los alumnos trabajan juntos para maximizar su propio aprendizaje y el de los demás" (1999: 14).

Desde la perspectiva de lo que hemos venido llamando metodología de la participación (Moreno Herrero, 1998, 2004, 2006), todos los elementos que la constituyen deben contemplarse como un todo integrado. Así cabría hablar de las condiciones necesarias para sistematizar una metodología participativa, en donde todas las personas sean parte activa y en donde el intercambio de opiniones y conocimientos sea el principal motivo que nos permita construir procesos de trabajo.

De esta manera, hemos de tener en cuenta, en primer lugar, la propia actitud del profesorado, que debe pasar necesariamente por el conocimiento técnico de su materia y de los medios y procedimientos que ésta emplea, así como por el conocimiento didáctico suficiente para promover su aprendizaje.

El segundo aspecto a considerar son los estudiantes. La motivación y la actitud positiva serán dos elementos que deberemos cuidar. Las propuestas de trabajo deben crear situaciones suficientemente motivadoras para que permitan acceder a todo tipo de conocimientos. Partimos de un criterio obvio: toda la motivación del alumnado es posible si el profesorado está también motivado. Ambos tipos de motivación predisponen a un trabajo conjunto y de constante búsqueda de soluciones a los problemas planteados. Todo esto, a su vez, desemboca en el tercero de los aspectos a tener en cuenta: la metodología.

Es posible un trabajo de estas características si se saben crear situaciones propicias. El simple hecho de dejar al aprendiz para que sea él el que descubra posibilidades, soluciones o ideas es suficientemente motivador. El principio básico, por tanto, será el de crear situaciones en las que los propios estudiantes sean protagonistas y responsables. A todo lo anterior hay que añadir el diálogo. La fluidez en la comunicación del grupo permitirá la reflexión conjunta para buscar entre todos la mejor solución. Tener en cuenta los aciertos y los errores de todos nos permitirá, a su vez, ir construyendo nuestra propia realidad.

Las propuestas de trabajo que se hacen a continuación son una forma de materializar las ideas precedentes. La intención es que sirvan para el desarrollo de asignaturas relacionadas con la tecnología educativa, la informática (la Web) aplicada a la educación o las TIC de los nuevos Grados de Maestro, Educación Social y Pedagogía.

Las distintas propuestas se plantean desde la utilización de alguna de las aplicaciones de la Web y todas mantienen la misma estructura: *título*, que orienta sobre la actividad a desarrollar; *objetivos*, que indican lo que se pretende con cada actividad; *contenidos*, donde se hacen explícitos contenidos relacionados con las asignaturas; una parte teórica, bajo el epígrafe *debes saber*, donde se da información sobre los contenidos y se convierte a su vez en un referente teórico; *desarrollo de la actividad*, donde se describe cómo llevar a cabo la actividad, la dinámica que se establece, el tipo de agrupamiento, etc.; *recursos*, donde se indica el tipo de recursos necesarios para el desarrollo de la actividad; la *evaluación*, donde se indican los criterios y el modo, con el fin de regular el proceso de trabajo, comprobar el logro de objetivos y permitir que el estudiante conozca su grado de aprendizaje. Finalmente, las competencias asociadas a la materia se indican a continuación, ya que son un referente para el desarrollo de las distintas asignaturas de los Grados.

CAPÍTULO 10
COMPETENCIAS

Competencias asociadas para los Grados de Educación Infantil, Educación Primaria, Educación Social y Pedagogía.

COMPETENCIAS GENERALES

- Diseñar programas, proyectos y propuestas innovadoras de formación y desarrollo de recursos formativos en contextos laborales, en las modalidades presenciales y virtuales.
- Evaluar planes, programas, proyectos, centros, acciones y recursos educativos y formativos.
- Asesorar sobre el uso pedagógico e integración curricular de los medios didácticos.
- Analizar, diseñar y evaluar las aplicaciones de las TIC asociadas a los procesos educativos y formativos.
- Elaborar y gestionar medios y recursos para la intervención socioeducativa.
- Promover procesos de dinamización cultural y social.

COMPETENCIAS TRANSVERSALES

- Conocer la dimensión social y educativa de la interacción con los iguales y saber promover la participación en actividades colectivas, el trabajo cooperativo y la responsabilidad individual.
- Analizar de forma reflexiva y crítica las cuestiones más relevantes de la sociedad actual que afectan al impacto social y educativo de los lenguajes audiovisuales, cambios en las relaciones de género e intergeneracionales, multiculturalidad e interculturalidad, discriminación e inclusión social y desarrollo sostenible.
- Conocer y utilizar las estrategias de comunicación oral y escrita y el uso de las TIC en el desarrollo profesional.

COMPETENCIAS ESPECÍFICAS DE LAS ASIGNATURAS RELACIONADAS CON LAS TIC

- Seleccionar, diseñar y aplicar las herramientas informáticas para la enseñanza.
- Conocer y elaborar herramientas informáticas para el aprendizaje en diferentes ámbitos.
- Dominar las relaciones entre enseñanza y las TIC, de manera que su uso llegue a ser eficaz.
- Saber utilizar las herramientas informáticas en la elaboración de diferentes adaptaciones curriculares.

CAPÍTULO 11
ACTIVIDADES

PROPUESTA DE TRABAJO N° 1
INTERNET

OBJETIVOS

- Reflexionar sobre las ventajas e inconvenientes de Internet.
- Indagar sobre las ideas preconcebidas que se tienen de Internet.

CONTENIDOS

- Internet, la mayor red mundial de comunicación.
- Aspectos positivos y negativos de Internet.
- Navegación segura.

DEBES SABER

Para conocer cuestiones acerca de Internet se debe consultar el capítulo 3: "¿Qué ofrece Internet?", especialmente los consejos para una navegación segura recomendados por ECPAT y UNICEF.

DESARROLLO DE LA ACTIVIDAD

Se divide la clase en dos grupos: un grupo estará a favor de las ventajas que supone el uso de Internet; el segundo grupo sólo verá inconvenientes.

- El primer grupo responde a la cuestión: Internet sirve para...
- El segundo grupo responde a la cuestión: Internet no sirve para...

Se nombrará a un alumno o alumna para que modere el debate. Se nombrarán dos alumnos o alumnas que irán anotando en la pizarra o en algún panel las conclusiones a las que se lleguen (es un buen momento para utilizar la pizarra digital). La pizarra o el panel se dividirá en dos columnas, cuyos epígrafes serán: Internet sirve para... Internet no sirve para...

Alternativamente, los miembros de cada grupo irán argumentando su opinión. Se pueden establecer tiempos para que los integrantes de cada grupo se pongan de acuerdo en los argumentos, los aspectos que quieran destacar, etc., de manera que cada integrante pueda anotar en su ficha de argumentos lo que va a decir.

Otra forma de organizar la discusión puede ser la siguiente: cada grupo prepara, durante diez minutos, sus razones a favor o en contra. Un portavoz de cada grupo las expone; a continuación, se inicia un debate entre los dos grupos.

Finalmente, quienes se hayan encargado de las conclusiones elaborarán un archivo con éstas, que enviarán a toda la clase.

RECURSOS PARA LA ACTIVIDAD

- Sobre seguridad en Internet pueden consultarse los siguientes sitios:
    - http://peremarques.pangea.org/habilweb.htm
- Organizaciones de protección de la infancia:
    - ACPI: http://www.asociacion-acpi.org
    - PROTÉGELES: http://www.protegeles.com
- Ficha de argumentos para el debate. Ficha de conclusiones.

MODELO DE FICHA DE ARGUMENTOS

MIS ARGUMENTOS, MIS IDEAS SOBRE EL TEMA	IDEAS DE OTROS COMPAÑEROS O COMPANERAS QUE ME GUSTAN

MODELO DE FICHA DE CONCLUSIONES

INTERNET SIRVE PARA	INTERNET NO SIRVE PARA

EVALUACIÓN: se tendrá en cuenta el desarrollo del debate, los argumentos empleados, la participación de los estudiantes y la calidad de las conclusiones.

PROPUESTA DE TRABAJO N° 2
NAVEGANDO

OBJETIVOS

- Conocer las herramientas que permiten buscar información.
- Utilizar algunas de las herramientas de búsqueda de información.

CONTENIDOS

- Navegadores, buscadores, motores de búsqueda.
- La información en Internet.
- La navegación segura.

DEBES SABER

Los navegadores son programas que permiten acceder a todo tipo de información de Internet. Con un navegador se puede visualizar y navegar por webs, ftp, e-mail, grupos de noticias, etc. Los más utilizados son Explorer, Firefox, Google Chrome, Opera y Safari (para Mac).

Uno de los navegadores más populares es Firefox (desarrollado por Mozilla), que se puede obtener gratis en www.mozilla.org, tiene versiones para Windows, Linux y Mac OS. Disponible en 17 idiomas. Su éxito reside en que se trata de un navegador de código fuente abierto, desarrollado con la colaboración de programadores voluntarios e impulsado por numerosos miembros de la comunidad del software libre.

Los navegadores interpretan el código html, que es con el que se construyen las páginas web; de esta forma nos permiten visualizar textos, imágenes, aplicaciones y cualquier objeto o elemento que contenga una página web. Cualquier documento o archivo construido con el código html o xml, esté en nuestro ordenador o en otro remoto (caso de Internet), es posible verlo con un navegador.

Consultar también el capítulo 8: "Para ponernos de acuerdo", en el que aparece información sobre navegadores y buscadores.

Para una navegación segura, la Asociación de Internautas nos ofrece algunas pautas y consejos de los que merece la pena destacar los dedicados a los menores [página de la Asociación de Internautas: http://www.internautas.org/html/5338.html].

DIEZ CONSEJOS QUE LOS MENORES DEBEN CONOCER PARA NO CAER EN LA RED

1. Internet retiene todo rastro de tráfico, la información que transporta puede ser rastreada.
2. Internet es un sistema de comunicación utilizado por personas: precaución y respeto por quien está al otro lado.
3. Internet se parece a la vida física más de lo que creemos: desconfía de aquello que te haría desconfiar en la calle (por ejemplo, la imagen de una tienda o la personalidad de un desconocido).
4. Internet es información; para saber si es o no útil, si es o no verdad, siempre debe ser contrastada. Solicita consejo a un adulto de confianza antes de actuar.

APLICACIONES DE LA WEB EN LA ENSEÑANZA

5. Internet dispone de todo lo que insertamos en sus redes; debemos evitar ofrecerle demasiada información sobre nosotros mismos, y ser conscientes de lo fácil que es perder el control sobre ello.
6. Internet no es ilegal, pero puede ser el escaparate de la comisión de un delito; estate atento a lo que te llega a través de sus redes y desconfía de lo que tenga un origen incierto.
7. Internet es paralela a la vida real, no ajena, lo que en ella ocurre suele tener un reflejo directo en el ámbito personal y físico de los implicados.
8. Internet permite manejar dinero sin necesidad de tocarlo. Las transacciones que realices, que sean con permiso seguro del banco en que confías. Desconfía de los envíos de dinero que no pasan por una entidad bancaria o una Administración Pública estatal.
9. Internet pone a nuestra disposición más datos de los que podemos asumir y, de la misma forma que ocurre en la vida real, necesitamos filtrar aquello que sobra para un desarrollo personal pleno, ya sea con el sentido común, ya sea con ayuda de dispositivos técnicos de filtrado.
10. Existen leyes que castigan las actividades ilícitas en Internet, y también existen leyes que protegen a sus usuarios de una mala utilización de Internet, especialmente cuando afecta a sus derechos fundamentales (intimidad, secreto de las comunicaciones, datos personales, libertad de expresión, etc.). Si eres víctima, denúncialo.

DESARROLLO DE LA ACTIVIDAD

Para el desarrollo de esta actividad es recomendable utilizar una sala con ordenadores; incluso es posible que se pueda realizar en casa. La actividad se puede hacer en parejas o de forma individual. Una sugerencia es que se utilicen distintos buscadores con el fin de que puedan analizar las diferencias entre éstos.

Se propone a los estudiantes que busquen una página, sólo una por persona, relacionada con alguna afición que tengan. Cuando naveguen por ella irán anotando lo que les parezca más importante. Para esta parte de la actividad se marcará un tiempo límite, que puede estar en torno a 15 o 20 minutos. Se proporcionará también la *Ficha para la puesta en común*.

La segunda parte de la actividad consiste en poner en común la experiencia de búsqueda. La dinámica a seguir para la puesta en común comenzará con una ronda en la que cada alumno y alumna dirá cuál es su afición y qué página ha encontrado relacionada con ésta. Después se irá respondiendo a las cuestiones que se plantean en la ficha. Se puede aprovechar la ocasión para iniciar una reflexión sobre las posibilidades educativas de la Web.

RECURSOS PARA LA ACTIVIDAD

- Información sobre cómo buscar en Internet:
  - http://www.ciberconta.unizar.es/leccion/buscar/inicio.html
  - http://bib.us.es/aprendizaje_investigacion/guias_tutoriales/como_buscar-ides-idweb.html
- Ficha para la puesta en común.

MODELO DE FICHA PARA LA PUESTA EN COMÚN

¿Qué has hecho para buscar la página? (Describir brevemente el procedimiento seguido).
¿Qué buscador has utilizado?
¿La has encontrado enseguida?
¿Te has perdido en algún momento?
¿Te ha servido la información recogida?
¿Te ha resultado fácil navegar por la página?
¿Qué has notado que faltaba para completar tu información?

EVALUACIÓN

Se tendrán en cuenta los siguientes criterios: cómo se han utilizado las herramientas, qué tipo de criterios propios se han establecido para la búsqueda y la calidad de las reflexiones sobre las posibilidades educativas de la Web.

PROPUESTA DE TRABAJO N° 3
EL PRIMER PROYECTO

OBJETIVOS

- Utilizar procedimientos que faciliten la búsqueda.
- Emplear criterios que permitan la organización y clasificación de la información.

CONTENIDOS

- Procedimientos de búsqueda.
- Organización y clasificación de la información.
- La Web como recurso para la información.
- Utilización de la información que proporciona la Red.

DEBES SABER

La información en Internet

Una de las principales funciones de la Web es la transmisión de información. Los sistemas para organizar la información evolucionan con el fin de facilitar a los usuarios una búsqueda más rápida, eficaz y especializada. Así han surgido algunos de los buscadores más populares o así es como se han desarrollado algunos sistemas, como el formato RSS.

RSS (Rich Site Summary), formato de texto, estándar y público, que sirve para la distribución de contenidos por Internet. Es el formato que hace posible la "sindicación", es decir, la distribución de un gran número de contenidos sin necesidad de tener que visitar las páginas web de cada uno de los sitios que ofrecen la información.

El formato RSS consiste en acceder a un sumario de titulares o índice de contenidos y noticias que ha publicado un sitio web sin necesidad de entrar en ese sitio. Actualmente, los programas de correo electrónico, los navegadores y muchos sitios web disponen de este sistema. Lo que ocurre en realidad es que un sitio web coloca este pequeño programa en su servidor y actúa como fuente de noticias, organizando y estructurando la información, y haciendo una pequeña descripción de los contenidos que publica.

Hay lectores específicos de RSS que "leen" la información sin necesidad de utilizar un navegador. Este programa se conecta automáticamente a las páginas web y localiza nuevos titulares o contenidos; seguidamente avisa de su hallazgo al usuario y éste, si le interesa, se puede conectar con un simple "clic" para que esa página se abra en el navegador que normalmente utilice.

DESARROLLO DE LA ACTIVIDAD

Esta actividad tiene dos partes que se complementan. Se sugiere que la primera se realice de forma individual y, la segunda, en equipo.

PRIMERA PARTE:
Se trata en este caso de establecer un procedimiento de búsqueda con el fin de no "naufragar" y organizar mejor la información que deseamos. La propuesta de trabajo consiste en buscar información para elaborar un breve informe. Los posibles temas para el informe pueden estar relacionados con intereses del alumnado en aspectos sociales (otras culturas, racismo, xenofobia, tribus urbanas, redes sociales, etc.); aspectos relacionados con el ocio y tiempo libre de los jóvenes (deportes, música, hábitos saludables de consumo); cuestiones relacionadas con las asignaturas de la carrera o aspectos relacionados con las TIC.

Se hará una puesta en común en la que cada alumno y cada alumna expondrán brevemente su informe y hablarán sobre el procedimiento que han seguido para la búsqueda de información, sobre las dificultades encontradas y cómo las han solucionado.

Como orientación se señala a continuación un modelo de procedimiento de búsqueda de información:

MODELO DE FICHA DE PROCEDIMIENTO DE BÚSQUEDA DE INFORMACIÓN

FASES	CRITERIOS
1. Objetivo	¿Qué pretendo? ¿Qué me interesa? ¿Cuánto tiempo tengo?
2. Localización	¿Dónde puedo encontrar la información? ¿Qué palabras resumen lo que busco?
3. Búsqueda	¿De qué fuentes dispongo, son fiables? ¿Cuáles son las mejores? ¿Sirve para mi objetivo? ¿Qué contenido debe tener la información?
4. Clasificación	¿Cómo organizo la información? (Organizar carpetas, establecer categorías: texto, fotografía, animación. Contenidos: opinión, descripción de hechos, relatos, contenido científico, etc. Realización de sencillos mapas conceptuales, etc.).
5. Uso y aplicación	¿Cómo voy a usar la información obtenida? ¿Me sirve todo lo encontrado?

SEGUNDA PARTE:
Ahora se trata de plantear, en equipo, sencillos proyectos en los que necesariamente habrá que buscar información en la Web. El trabajo en equipo de esta actividad debe predisponer para el trabajo colaborativo. Esta actividad servirá a su vez para iniciarse en el diseño y desarrollo de las WebQuest. El proyecto se inicia respondiendo a la pregunta: ¿qué quiero hacer? Algunas ideas sobre los proyectos pueden ser: queremos preparar un plato exquisito para celebrar el aprobado; queremos realizar una visita con un grupo de amigas a una ciudad monumental; queremos organizar un encuentro musical con gente con los mismos gustos que nosotros; queremos organizar una maratón fotográfica; queremos diseñar una unidad didáctica sobre Internet; queremos inventar un sistema de patines para desplazarnos sin esfuerzo, queremos construir maquetas de trenes, aviones...

La actividad es un pretexto para profundizar en la utilización de la Web y para reflexionar sobre las posibilidades educativas. No es necesario que en algunos casos el proyecto se llegue a "materializar", se puede quedar en la "teoría". La siguiente ficha puede servir para orientar el proyecto.

FICHA DE PREGUNTAS CLAVE PARA LA REALIZACIÓN DEL PROYECTO

¿Qué queremos hacer? ¿Cuánto tiempo tenemos?
¿Qué información necesitamos? ¿Dónde buscamos la información?
¿Qué contenidos debemos tener en cuenta? ¿Qué otras cosas parecidas hay?
¿Cómo vamos a presentar la información?
¿Qué dificultades hemos encontrado?
¿Cómo las hemos solucionado?

Como siempre, se organizará una puesta en común con el fin de que se expongan los resultados de todos los proyectos, así como su aprovechamiento didáctico.

RECURSOS PARA LA ACTIVIDAD

- Lectura del capítulo 8 sobre buscadores y operadores.
- Fichas de procedimiento de búsqueda de información y de preguntas clave.

- Aunque en la mayoría de sitios web se ofrece la posibilidad de acceder a la información RSS, hay algunos programas lectores de RSS:
  - Para la plataforma Windows: www.rssreader.com; www.disobey.com/amphetadesk
  - Para la plataforma Mac Os: http://ranchero.com/netnewswire; www.thinkmac.co.uk/newsmac
  - Para la plataforma Linux: http://projects.gnome.org/straw/; http://syndigator.sourceforge.net

EVALUACIÓN

- Se tendrán en cuenta la calidad de los informes, así como la pertinencia de los temas y los procedimientos seguidos en la búsqueda de información.
- Se tendrán en cuenta la calidad de los proyectos, la originalidad del tema, los procedimientos de búsqueda de información y el desarrollo del trabajo en equipo.

ALGUNAS PÁGINAS WEB QUE PUEDEN SER ÚTILES EN ESTAS ACTIVIDADES

DE TODO UN POCO
www.becas.com
www.recetario.com
www.faunaiberica.org
www.comics.com
www.greenpeace.es
www.aventurismo.net
www.graffiti.org
www.photoes.com
www.eljueves.es
www.muchoruido.com
www.guiamusical.com
www.hyphop.com
www.nationalgeographic.com.es
www.protegeles.com

TODA LA PRENSA EN ESPAÑOL
www.kiosco.net

MINISTERIO DE EDUCACIÓN
www.mec.es
www.cnice.mec.es
www.ucm.es

MUSEOS DE ESPAÑA
www.all-sa.com/Museos.htm

BIBLIOTECA
http://cervantesvirtual.com

DICCIONARIOS
www.rea.es

EDUCATIVOS
www.educared.net
www.pangea.org

RECURSOS GRATIS
http://recursosgratis.com/index.html
www.softonic.com

CIENCIA Y ASTRONOMÍA
www.ciencianet.com
www.alucine.com

CURSO DE IDIOMAS
www.el-castellano.com

PROPUESTA DE TRABAJO Nº 4
ANÁLISIS DE PÁGINAS WEB

OBJETIVOS

- Establecer criterios de análisis de páginas web.
- Aplicar procedimientos de búsqueda.
- Aprender a identificar la autenticidad de una página web y su aprovechamiento educativo.

CONTENIDOS

- Análisis de páginas web.
- Identificación de páginas web.
- Discriminación de la información válida de la que no lo es.

DEBES SABER: consultar el capítulo 8: "Para ponernos de acuerdo".

DESARROLLO DE LA ACTIVIDAD

Realizar un análisis de páginas web de carácter educativo o no. En la documentación para la actividad se ofrece un modelo de ficha de análisis. Es necesario establecer entre todos y todas una serie de criterios, nuestros propios criterios, de análisis. La pauta para el establecimiento de éstos la pueden aportar preguntas como las siguientes: ¿qué le pido a una página web? ¿Para qué me debe servir? ¿Qué espero encontrar?

El análisis se puede realizar en parejas. Una vez analizadas las páginas se realizará una puesta en común en la que se mostrarán los resultados de los análisis y se comentará lo más significativo. Es recomendable realizar una síntesis de todo lo expuesto con el fin de establecer unos criterios finales, fruto del trabajo colaborativo. Este último trabajo lo puede realizar un equipo voluntario, que pasará el archivo a toda la clase.

RECURSOS PARA LA ACTIVIDAD

- La página del profesor Pere Marqués ofrece, entre otras muchas cosas, criterios para la clasificación y evaluación de espacios web de interés educativo: en línea http://peremarques.pangea.org/tipoweb.htm
- Más sitios sobre criterios para evaluar páginas web en Internet: http://www.eduteka.org/pdfdir/ListaChequeo1.pdf (Universidad de Cornell).

MODELO DE FICHA DE ANÁLISIS DE PÁGINAS WEB QUE PROPONEMOS

¿De quién es la página?
¿Es la página de una institución, empresa, organismo, un particular?
¿Qué sabemos de la identidad, del autor de la página o del propietario?
¿Se puede localizar geográficamente? ¿De dónde es?
¿Se ofrece alguna posibilidad para verificar la información que ofrece?
¿Cómo se presenta la información: como hechos, opiniones, conjeturas, datos, lenguaje técnico, científico...?
¿Desde qué punto de vista se presenta la información?
¿Se manifiesta algún tipo de ideología?
¿Se presenta toda la información que se promete?
¿Cuándo se ha actualizado la página?
¿Dónde puedes encontrar más información completa y actualizada sobre el mismo tema?
¿Es atractiva, agradable su diseño?
¿Se navega con facilidad? Claridad y organización de la información.
¿Aparecen las páginas de forma rápida o para encontrar lo que se busca te hacen pasar por varias páginas?
¿Me he perdido? Sí o no.
¿Qué es lo que más me ha gustado del sitio?
¿Y lo que menos?
¿Me ha sido útil para mis propósitos?
Otros comentarios

EVALUACIÓN: sobre los criterios que se hayan establecido se tendrán en cuenta su pertinencia y utilidad.

PROPUESTA DE TRABAJO N° 5
TIENES UN E-MAIL

OBJETIVOS

- Comprender las posibilidades de comunicación y expresión que posibilita Internet.

- Utilizar el recurso del correo electrónico y foros para comunicarse.
- Descubrir las posibilidades didácticas de esta herramienta de comunicación.

CONTENIDOS

- Correo electrónico.
- Servidores de cuentas de correo.
- Listas de distribución.
- Comunicación asincrónica.

DEBES SABER

El concepto del correo electrónico

El sistema de funcionamiento es análogo al sistema de funcionamiento del correo postal, llamado ahora correo tortuga. Cada usuario debe identificarse y, por tanto, cada uno tiene una dirección. La dirección de un usuario dentro de una red de ordenadores (Internet, intranet) es lo que se denomina NUA (Network User Address). El esquema de dirección electrónica es: "identificador@subdominio.dominio".

El identificador del receptor, llamado también login, es el buzón en el ordenador que recibe el mensaje. El símbolo @ separa el nombre del receptor del identificador o nombre del ordenador en la Red (que puede estar compuesto por varios nombres separados por puntos y que indican la ubicación, nombre del ordenador, etc.) del nombre del dominio, empresa, servidor, organismo, etc.

El ordenador nos ofrece también la herramienta para escribir, en este caso mediante un software o programa conocido como MUA (Mail User Agent). Este programa permite la composición, envío y recepción de los mensajes. Algunos de los MUA más utilizados son Eudora, Outlook, Net Messenger y Thunderbird (Mozilla).

Para que el mensaje llegue a su destino hace falta un "servicio de correos", en este caso electrónico, pues de esto se encarga el MTA (Mail Transfer Agents), que es un programa de reparto de correo entre los distintos ordenadores de la Red.

Es cada vez más usual el correo dentro de una página web, llamado webmail. La ventaja de este sistema es que se puede consultar, recibir y enviar mensajes no sólo desde el propio ordenador, sino desde cualquier ordenador y desde cualquier sitio.

La llamada lista de distribución es un sistema de correo electrónico para la comunicación entre grupos de usuarios. Para formar parte de la lista hay que suscribirse y de esta forma se puede enviar cualquier tipo de información a todos los suscriptores o sólo a los seleccionados. Hay aplicaciones para generar las listas de distribución, existen sitios web que de forma gratuita permiten generar listas. Hay instituciones, como las universidades, que permiten generar listas de distribución con fines docentes y de investigación.

DESARROLLO DE LA ACTIVIDAD

Con esta actividad se pretende que el alumnado utilice uno de los sistemas de comunicación que ofrece la Red. Se trata, por otra parte, de que descubran las posibilidades educativas de este medio de sobra conocido. Se propondrá a la clase organizar una lista de correo o distribución para que durante el tiempo que se estime oportuno —una semana, por ejemplo—, se envíen mensajes cuyo contenido verse sobre las posibilidades didácticas del correo electrónico. Asimismo, es un buena oportunidad para poner en práctica el trabajo colaborativo, en el sentido de que aquéllos que tengan la experiencia de abrir una cuenta gratis enseñen a los demás. Cabe, finalmente, plantear una reflexión sobre el papel de emisores y receptores a través de la Red.

Se puede aprovechar la plataforma del campus virtual para poner en marcha algunas ideas y reflexiones utilizando el foro.

Como siempre, se hará la puesta en común para organizar y sistematizar todo lo dicho sobre las posibilidades didácticas de este medio de comunicación. Se elaborará un *dossier* con las aportaciones de toda la clase y en un archivo se enviará por e-mail a la lista de correo de la clase.

RECURSOS PARA LA ACTIVIDAD

- Lista de direcciones de correo electrónico de la clase. Las plataformas de campus virtual proporcionan la posibilidad de establecer listas de distribución.

Algunos programas de correo electrónico permiten también crear listas de distribución, por ejemplo la versión 2007 de Outlook.
- Sitios para crear listas de distribución gratis:
  - http://elistas.egrupos.net/
  - www.gratistodo.com/recursos-web/Internet_12/Listas-de-correo...

EVALUACIÓN: se podrán contemplar la calidad de las propuestas didácticas, la responsabilidad en el desempeño de los distintos papeles de emisores-receptores y los resultados de las reflexiones.

PROPUESTA DE TRABAJO N° 6
COMUNICACIÓN EN TIEMPO REAL

OBJETIVOS

- Comprender las posibilidades de relación y expresión que posibilitan los sistemas de comunicación en tiempo real.
- Comprender las posibilidades de comunicación y expresión que posibilita Internet.
- Descubrir las posibilidades didácticas de esta herramienta de comunicación.

CONTENIDOS

- Concepto de comunicación sincrónica.
- Servidores que ofrecen el recurso de chat.
- Recursos de la Web para la comunicación.

DEBES SABER

¿Qué es el chat?

Es un sistema de conversación multiusuario que permite la comunicación en tiempo real. El programa en realidad se llama IRC (Internet Relay Chat). Suele estar integrado en muchos de los sitios que ofrecen esta posibilidad y ya no hace falta descargar el programa específico. A este sistema se le llama Webchat. Es tan popular que ha dado lugar a la aparición de un nuevo verbo: chatear.

Cuando se "chatea", lo normal es no dar el nombre, sino lo que se llama un *alias*; ése será el nombre que aparecerá en la pantalla. Algunos sitios de chat ofrecen la posibilidad de poder elegir una mascota y algún color para ser identificado durante la charla.

En general, todos los sitios ofrecen varias categorías con temas distintos para charlar. Cada categoría puede tener varios canales; algunos permiten estar chateando en varios canales a la vez. Un canal sería algo así como un grupo de conversación sobre un tema determinado. Si en algún momento se desea "hablar" sólo con una persona, lo normal es pinchar en su nombre (alias) y se abrirá una opción de "abrir privado"; si confirmamos esa opción estaremos hablando sólo con esa persona sin que nadie vea lo que decimos. Algunos sistemas ofrecen determinados sonidos para amenizar la conversación. En la actualidad, algunos sitios permiten que un grupo organice su propio chat, es decir, registrar un canal propio. Siempre es necesario registrarse, para lo que normalmente hace falta poner un alias (nick) y la contraseña.

Otro tipo de comunicación en tiempo real entre dos usuarios es el sistema Messenger, o servicio de mensajería instantánea, puesto en marcha por la empresa Microsoft, que lo ha incluido en sus diversas versiones del sistema operativo Windows (Windows XP, Vista, Windows 7). Este sistema permite la comunicación sincrónica entre dos personas y además la posibilidad de intercambiar archivos; permite también comunicarse con voz y, en la versión más actual, la posibilidad de realizar llamadas a teléfonos fijos y móviles mediante servicios de VoIP. Es necesario registrarse.

Se han establecido unas normas de conducta que normalmente cumplen todos los aficionados al chat. La mayoría de los sitios las recuerdan. Veamos a modo de ejemplo las normas de comportamiento del portal de Terra (las transcribimos tal cual aparecen en http://www.terra.es/chat/ayuda/normas-comportamiento.htm#top):

Al entrar y salir del chat
Se considera una falta de educación llegar a un sitio nuevo y no saludar, no sólo en el chat, sino en la vida real, así que es más que recomendable ser educado y cortés al comenzar y finalizar la charla.

Normas básicas de comportamiento
Es una costumbre en los chats que escribir en mayúsculas equivale a gritar. No abuses de las mayúsculas, salvo para casos muy concretos; el resto de la gente te lo agradecerá.

No acosar, violentar, amenazar o causar molestias a cualquier otro usuario o a un tercero.

No enviar a través del chat ninguna información, datos, textos, enlaces, comunicados o cualquier otro material considerado ilegal, perjudicial, amenazador, abusivo, hostil, difamatorio, obsceno, racial o éticamente incorrecto, o referencias discriminatorias sobre tendencias sexuales.

No es oro todo lo que reluce
Ten en cuenta que lo que dice o afirma un usuario no tiene por qué ser cierto.

Sé cauto con lo que cuentas, con las informaciones que puedas facilitar y con lo que puedas creer de lo que cuentan otros usuarios.

Todos hemos sido principiantes alguna vez
Siempre hay una primera vez para todo, todos hemos sido, alguna vez, principiantes. Por lo tanto, si otro usuario hiciera algo mal, ayúdale, hazle notar su error en una conversación privada y no se te olvide que es muy probable que ese mismo error ya lo haya cometido con anterioridad.

DESARROLLO DE LA ACTIVIDAD

Se trata de organizar una sesión de chat entre toda la clase a partir de temas propuestos por los estudiantes. Algunos de estos temas pueden estar relacionados con aspectos educativos, con la sociedad de la información, con cuestiones relativas a Internet, con las posibilidades didácticas de este sistema de comunicación, etc.

Téngase en cuenta que un chat con más de 20 personas es complicado. Un número adecuado podría estar entre 10 o 12 personas (internautas); el resto del alumnado puede hacer el papel de observador en los propios ordenadores y controlar la sesión. Posteriormente se pueden cambiar los papeles.

Dependiendo de las posibilidades se puede realizar en el propio centro o incluso desde los domicilios del alumnado y profesorado. Algunas plataformas del campus virtual ofrecen esta posibilidad.

RECURSOS PARA LA ACTIVIDAD

Portales o sitios que ofrecen el servicio de chat:

- http://www.terra.es/chat/; http://chat.orange.es;
- http://www.ya.com/chats/
- http://www.studentsoftheworld.info/clubs/menu_clubs_s.php
- http://www.interdidactica.com/ninos.php

EVALUACIÓN: se podrán contemplar la calidad de las propuestas didácticas, la responsabilidad en el desempeño de los distintos papeles de emisores-receptores y los resultados de las reflexiones.

PROPUESTA DE TRABAJO Nº 7
CREACIÓN DE UNA WEB

OBJETIVOS

- Comprender las posibilidades del hipertexto como forma de expresión creativa y sus posibilidades didácticas.
- Utilizar el hipertexto como una herramienta para seleccionar y organizar la información.

CONTENIDOS

- Hipertexto.
- Hipermedia.
- Páginas web.
- Lenguajes html y xml.

DEBES SABER

HIPERTEXTO: podemos considerarlo como la información dividida en fragmentos significativos relacionados entre sí. La información se organiza en bloques (nodos) conectados mediante enlaces para su rápida recuperación. Supone una lectura fragmentada, no lineal. Es una imitación de la estructura asociativa de la mente humana para relacionar conceptos. Se utiliza para leer y escribir.

ELEMENTOS BÁSICOS DEL HIPERTEXTO: nodo y enlace. Nodo es el elemento que contiene una cantidad discreta de información. La información puede estar constituida por texto, imágenes, sonido o una mezcla de éstas. La forma de visualización en la pantalla puede ser:

- Marco: cantidad fija de espacio en la pantalla.
- Ventana: la información ocupa toda la pantalla.

Para el diseño de los nodos debemos tener en cuenta los siguientes aspectos: el tamaño, el tiempo de recuperación de la información, la legibilidad, la forma de fragmentar la información y la calidad de la presentación de la información.

Enlace es la conexión entre los nodos. Deben reunir las siguientes características: que sean fáciles de activar y de respuesta rápida. Entre los tipos de enlace destacamos las siguientes relaciones:

- Entre nodos.
- Entre distintas posiciones de un mismo nodo.
- Origen-destino.
- Bidireccionales.

- Nodo anterior.
- Nodo principal.
- Origen-distintos destinos.
- Distintos orígenes-mismo destino.

Acceso a la información hipertextual: hay tres modos de recuperación de la información:

- Secuencial, siguiendo el orden preestablecido en la presentación de la información.
- Navegación, paso aleatorio de un concepto a otro. Hay navegadores gráficos que nos orientan de nuestra posición dentro del hipertexto.
- Búsquedas, mediante consultas al sistema.

Construcción del hipertexto: básicamente podemos construir hipertextos de dos formas:

- A partir de la creación de nuestros propios materiales.
- Mediante la conversión de un texto lineal.

Pasos para la realización de un hipertexto, siguiendo el primer criterio:

1. La idea principal sobre lo que queremos comunicar.
2. Fragmentar la información en los bloques que formarán los nodos.
3. Preparar el material multimedia que pensemos incluir.
4. Organizar toda la información definiendo claramente la estructura.
5. Desarrollar la aplicación.

Aspectos a considerar para estructurar y presentar la información:

- Cada nodo debe desarrollar un único tema.
- La estructura de las relaciones debe ser clara y comprensible.
- Los nombres de nodos y enlaces deben ser significativos.

- La tipografía debe ser sencilla y legible.
- Cada página debe estar limpia, no abusar de imágenes o de adornos que no aporten significación.
- En las páginas es preferible un fondo claro con tipos de letra oscuros.
- La información de cada página debe enlazar con la siguiente información, y ésta a su vez con la anterior (bidireccionalidad).
- Cada página debe contemplar la posibilidad de enlazar con la página principal.
- En un texto corto no se debe abusar de hiperenlaces.

TIPOS DE ESTRUCTURA

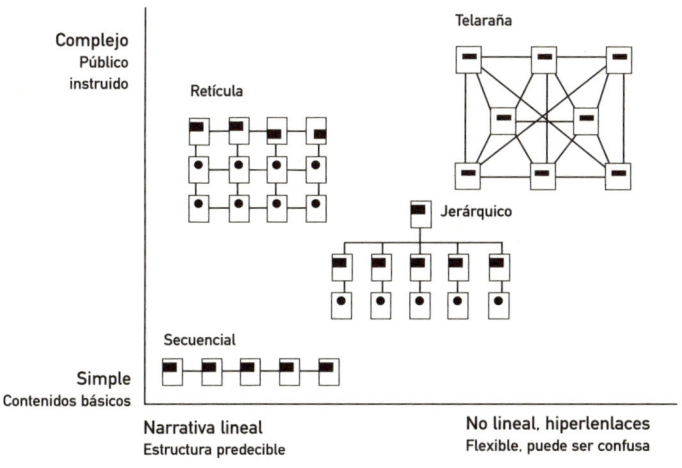

FUENTE: ESTRUCTURAS DE HIPERMEDIA. LYNCH Y HORTON (2000).

DESARROLLO DE LA ACTIVIDAD

La actividad consiste en elaborar un hipertexto o un documento hipertextual. Se puede proponer que el contenido esté relacionado con temas educativos que interesen a cada alumno y a cada alumna. En realidad, el hipertexto es la base estructural de la Web (es lo que se conoce como página web).

La actividad se puede realizar en parejas o en pequeños grupos. Cuando cada pareja o equipo haya terminado su documento, se pueden agrupar todos los trabajos formando otro documento hipertextural, faltará sólo hacer una portada o *interface* desde la que poder saltar a cada uno de los trabajos realizados. El resultado será un documento hipertextual realizado por todo el grupo, que puede grabarse en un CD, o bien se puede "colgar" en Internet, constituyendo la página web de ese grupo. Si éste es el caso, necesitaremos un programa de transferencia de ficheros para alojar nuestra página en el servidor de Internet; son los llamados programas cliente FTP, que suelen ser gratuitos. Algunos editores de html, o programas de creación de páginas web, tienen asociado este tipo de sistema para subir las páginas a la Red.

Un hipertexto se puede diseñar de varias maneras. En el mercado hay herramientas de creación de páginas web, tales como Dreamweaver, Adobe Golive, Microsoft Front Page 2003 o la última herramienta de Microsoft, Expression web; todas de pago. Las hay también gratuitas; hay sitios en la Red que ofrecen las herramientas online adecuadas para la creación de páginas web. En nuestro caso sugerimos otra herramienta de fácil manejo y al alcance de cualquiera: se trata del procesador de textos Word.

Conviene aclarar que, aunque existen multitud de sitios y herramientas que facilitan la creación de páginas web, esta actividad que proponemos viene justificada, desde el punto de vista educativo, porque es necesario que los estudiantes sepan "lo que hay detrás", es decir, que adquieran el concepto de lo que es un documento hipertextual.

RECURSOS PARA LA ACTIVIDAD

- Cómo hacer un hipertexto, véase el anexo II.
- Recursos web para la creación de páginas:
    - Aula 21, www.aula21.net/segunda/recursosweb.htm, ofrece información sobre cómo hacer páginas web.
    - Creatuweb, creatuweb.espaciolatino.com/guia/herramientas.htm, ofrece información sobre recursos gratuitos.

- Lawebera, www.lawebera.es/deo/herramientas.php, información y herramientas para la creación; es de pago.
- Wix, www.wix.com, es un sitio para crear páginas web en flash de forma gratuita.
- Google Page Creator, aplicación para la publicación de páginas web.
- NVU, www.nvu.com, es un potente editor. La versión actualizada de este sitio es Kompozer.
- Everyoneweb, www.everyoneweb.es/, creación de páginas web de forma gratuita.
· Programas cliente FTP gratuitos:
  - CoffeCup, www.coffeecup.com, también para Mac OS.
  - SmartFTP, www.smartftp.com
  - FileZilla, http://filezilla-project.org, pertenece a la Fundación Mozilla.

EVALUACIÓN: el documento hipertextual: diseño, facilidad de navegación, contenido e información claros y recursos utilizados (texto, fotografías, gráficos, animaciones, sonidos).

PROPUESTA DE TRABAJO Nº 8
WEBQUEST

OBJETIVOS

· Profundizar en el conocimiento de las posibilidades de la Web.
· Aplicar las herramientas de la Web para el desarrollo de actividades de aprendizaje.

CONTENIDOS

· Hipertexto.
· Contenidos web.
· Aprendizaje cooperativo.

DEBES SABER

¿Qué es una WebQuest?

En palabras de uno de sus creadores, Bernie Dodge (1995), una WebQuest es una actividad orientada a la investigación donde toda o casi toda la información que se utiliza procede de recursos de la Web.

Las WebQuest mantienen siempre la misma estructura: introducción, tarea, proceso, recursos, evaluación y conclusión. Cada una de estas partes debe cumplir las siguientes funciones:

- Introducción: da la información para establecer el marco de trabajo. Debe:
  - Orientar sobre lo que vamos a encontrar.
  - Incrementar el interés por la actividad.
- Tarea: proporciona información sobre el trabajo que se va a realizar. Debe:
  - Proponer transformar la información.
  - Poner en juego habilidades cognitivas: clasificar, analizar, sacar conclusiones, sintetizar, generalizar, evaluar...
- Proceso: describe los pasos que se van a seguir para llevar a cabo la tarea. Indica:
  - Los papeles que los miembros del grupo desempeñarán.
  - La organización del equipo, la dinámica que se puede seguir, etc.
- Recursos: proporciona la información sobre las páginas web que ayudarán a realizar la tarea. Este elemento forma parte del proceso. Los recursos no sólo pueden ser de Internet.
- Evaluación: se indica cómo se evaluará la tarea. Debe ser clara y precisa e indicar lo que se va a evaluar (organización, presentación de contenidos, investigación realizada, desarrollo del trabajo, trabajo en equipo, etc.).
- Conclusión: refleja la reflexión sobre el proceso que se ha seguido, sobre lo que se ha aprendido, sobre las dificultades encontradas y sus soluciones, propuestas de mejora, etc.

A veces conviene añadir una guía didáctica con el fin de dar orientaciones pedagógicas, indicaciones y sugerencias metodológicas para el profesorado.

Existe lo que se llaman ayudas o *scaffolds* (andamios), que son soportes o ayudas para la realización de la tarea. Suelen asociarse a los recursos. Dodge los divide en:

- *SCAFFOLDS* DE RECEPCIÓN: ayudan, orientan y aclaran al estudiante antes de comenzar la tarea. Ejemplos: guías de observación, consejos sobre cómo elaborar entrevistas, glosarios y diccionarios en línea, etc.
- *SCAFFOLDS* DE TRANSFORMACIÓN: se proporcionan al estudiante cuando está trabajando con la información, facilita su elaboración, transformación, selección, síntesis, en mapa conceptual, lluvia de ideas, toma de decisiones, etc.
- *SCAFFOLDS* DE PRODUCCIÓN: facilitan al estudiante la producción de sus resultados, donde podemos ayudarles en el conocimiento de programas (software), plantillas de presentación, guiones para editar, etc.

Para evaluar el resultado del trabajo desarrollado en la WebQuest hay autores que proponen el sistema de Rúbria o Matriz de Valoración, que según Temprano (2009: 41) permite al docente establecer diferentes niveles de calidad para cada uno de los criterios de valoración y describirlos cualitativamente. Según el mismo autor, la Matriz de Valoración de una WebQuest debe contener criterios claros respecto a los siguientes aspectos generales a evaluar:

- Desarrollo de conocimientos propios del tema que se está trabajando en la WebQuest.
- Desarrollo de competencias y habilidades necesarias para utilizar adecuadamente información proveniente de Internet.
- Uso de herramientas informáticas para potenciar la construcción de conocimientos nuevos, y para ayudar a procesar y sintetizar mejor la información.
- Calidad y pertinencia del producto final solicitado en la tarea.

Una versión reducida de las WebQuest son las Miniquest, en las que sólo se consideran tres pasos: escenario, tarea y producto.

Esta herramienta la podemos utilizar como actividades de motivación, de desarrollo o de síntesis. El uso de Internet ha dado lugar también a otro tipo de actividades conocidas como "la caza del tesoro", en las que una serie de preguntas encuentran sus respuestas en las páginas de la Web.

Hay diversas herramientas para la creación de WebQuest, algunas de las más representativas son: PHP Webquest; Webquest Creator; 1, 2, 3… tu Webquest, las tres desarrolladas por profesores españoles y gratuitas; otra más es Webquest Generator, es gratuita y está en inglés.

DESARROLLO DE LA ACTIVIDAD

Se plantea en esta ocasión que los estudiantes en equipo diseñen una WebQuest. La idea es que pueda ser aplicada en el periodo de prácticas o en alguna otra ocasión, por tanto el contenido versará sobre aspectos del desarrollo del currículum o bien contenidos relacionados con actividades pedagógicas o de educación social.

Como es habitual, se deberá poner todo en común en una sesión en la que se comente la actividad y se reflexione sobre las posibilidades didácticas de la herramienta.

También se puede desarrollar la Miniquest que el autor del presente libro ha propuesto a sus estudiantes como actividad de motivación, desarrollada con la herramienta phpwebquest. Se encuentra en el siguiente enlace:

http://phpwebquest.org/newphp/miniquest/soporte_derecha_m.php?id_actividad=415&id_pagina=1

RECURSOS PARA LA ACTIVIDAD

Al ser la WebQuest una herramienta que se ha de manejar en un navegador (se construye en html), es el momento de poner en práctica lo que se ha aprendido sobre hipertexto. Así pues, cada uno de sus elementos puede constituir una ventana en el navegador con los hipervínculos o enlaces pertinentes. Volvemos a la idea de que los estudiantes sepan qué hay detrás.

No obstante, hay ya sitios web que nos ayudan a crear WebQuest. Las herramientas antes citadas permiten a su vez alojar nuestras

WebQuest. Quizá uno de los mejores y más populares sea PHP Webquest, http://phpwebquest.org; 1, 2, 3... tu Webquest; http://www.aula21.net/Wqfacil, una herramienta útil y sencilla para crear WebQuest.

EVALUACIÓN

Se propone una Matriz de Valoración, adaptada de A. Temprano. Cada equipo puede hacer la valoración de otro equipo.

CALIFICACIÓN/ CRITERIOS	EXCELENTE	BIEN	SUFICIENTE	INSUFICIENTE
Organización de la información y contenidos	Toda la información está bien seleccionada y organizada.	La mayoría de la información está bien seleccionada y organizada.	Poca información, aunque bien seleccionada.	Poca información y mal seleccionada.
Diseño, fotografías, gráficos, etc.	El diseño incluye fotografías y gráficos que favorecen la comprensión.	Incluye algunas fotografías y gráficos que favorecen la comprensión.	Incluye algunos recursos gráficos, pero ayudan poco a la comprensión del tema.	No hay material gráfico.
Claridad	La presentación de cada sección tiene una introducción, un desarrollo y una conclusión.	Casi todas las secciones tienen una introducción, un desarrollo y una conclusión.	Alguna sección tiene una introducción, un desarrollo y una conclusión.	Las secciones están mal estructuradas.

PROPUESTA DE TRABAJO Nº 9
PODCAST

OBJETIVOS

- Utilizar el sonido como medio de expresión creativa.
- Conocer algún tipo de herramienta digital para la creación de documentos sonoros.
- Utilizar las posibilidades didácticas que ofrece Internet para la creación de documentos sonoros como el podcast.

CONTENIDOS

- Podcast.
- Archivos de sonido.
- Edición y compresión de sonido.
- Reproductores de sonido.

DEBES SABER

Un podcast (o podcasting, como también se denomina) es un archivo de sonido en formato MP3 o OGG que se puede "colgar" en Internet para que los usuarios lo puedan oír desde la propia Red o descargarlo para oírlo en el ordenador o en algún dispositivo móvil. El término podcasting surge como el acrónimo de las palabras *public on demand* y *cast*, una emisión pública descargada según demanda. Otras fuentes lo atribuyen a la asociación de Pod, vaina o cápsula (no confundir con iPod), y *broadcasting*, o radiodifusión.

¿Cómo hacer un podcast? El primer paso es grabar el contenido, mezclando música, voz, textos, efectos sonoros, etc. Un buen programa para realizar las grabaciones en el ordenador es Audacity, que además de ser libre y gratuito permite trabajar con varias pistas y convertir la grabación al formato MP3. El segundo paso es subir el documento, el archivo en MP3, a Internet; esto se puede hacer con el programa Easypodcast.

¿Cómo escuchar un podcast? Es como escuchar la radio, de hecho todas las emisoras disponen ya de sus programas emitidos en formato podcast. Algunos se pueden también descargar para oírlos en nuestro ordenador, utilizando programas que reproduzcan formatos de compresión MP3 o similares; se pueden copiar en dispositivos móviles y en CD. También hay sitios web para escuchar podcast y música de todo tipo.

DESARROLLO DE LA ACTIVIDAD

La propuesta de trabajo consiste en la realización de documentos sonoros, o lo que es lo mismo, la elaboración de podcast. El trabajo se puede realizar en parejas o en grupos pequeños. Para la grabación del documento nos vamos a servir de un sencillo programa, Audacity, que se descarga de forma gratuita de Internet. Este programa nos permite grabar directamente en el ordenador. Una vez grabado se puede reproducir en el ordenador o pasarlo a un CD. Si hay posibilidad de subirlo a algún sitio web, se puede hacer utilizando otro programa, Easypodcast, que establece los protocolos necesarios para convertirlo a un formato que sea audible desde Internet y ubicarlo en algún servidor. No obstante, en la Red podemos disponer de sitios para subir nuestro documento sin necesidad de utilizar este último programa. Si ya se dispone de una página web propia, bastará con colocar en ella el archivo de sonido MP3 para que cualquier usuario lo pueda oír o descargar.

Como siempre, habrá que empezar a partir de una idea que se irá desarrollando para, finalmente, realizar una puesta en común con el fin de comentar las dificultades, las soluciones propuestas y para oír los documentos.

RECURSOS PARA LA ACTIVIDAD

- Audacity, www.audacity.sourceforge.net
- Easypodcast, http://www.easypodcast.com/index-es.html, sencilla herramienta para subir los podcast.
- Sobre podcast:
    - Onda Podcast, www.ondapodcast.com
    - Podsonoro, www.podsonoro.com
    - Pod Castellano, http://podcastellano.es, es un proyecto de la comunidad hispana de podcasting con información, noticias, documentación y ayuda sobre cómo hacer y colgar un podcast.
    - Folcast, www.folcast.com, directorio de podcast folcsonómico (clasificación mediante etiquetas). Permite crear listas de reproducción personalizadas en formato RSS y obtener archivos RSS de grupos de etiquetas.

EVALUACIÓN: se tendrá en cuenta la calidad de la grabación, los contenidos y la pertinencia y desarrollo del tema elegido.

PROPUESTA DE TRABAJO Nº 10
EL PRIMER BLOG

OBJETIVOS

- Descubrir las posibilidades didácticas de las herramientas de colaboración y comunicación.
- Desarrollar competencias digitales para la expresión y la comunicación.

CONTENIDOS

- Los weblog.
- Herramientas para la comunicación y la colaboración.
- Aprendizaje cooperativo.

DEBES SABER

Según Wikipedia, un weblog es "un sitio web donde se recopilan cronológicamente mensajes de uno o varios autores, sobre una temática, a modo de diario personal. Comparten elementos comunes, como una lista de enlaces a otros weblog, un archivo de entradas anteriores, enlaces permanentes para que se pueda citar una anotación o una función para añadir comentarios". En castellano, el nombre más apropiado es bitácora, pero blog es el nombre con que se ha popularizado. Se llama blogosfera al conjunto de weblog. Una de las mejores formas de conocer este medio de comunicación es visitando estos sitios, en donde encontraremos herramientas y recursos para realizar nuestro propio weblog. En el apartado de recurso se ofrecen algunos.

El blog es una herramienta de información. Se compone de entradas que se clasifican por categorías (tags). Tiene dos niveles de participación: el autor, que es el que escribe las entradas, artículos, y los usuarios o lectores que pueden escribir comentarios. Las entradas se ordenan por orden cronológico y normalmente no hay enlaces entre ellas, aunque el blog puede tener vínculos a otros sitios de interés. El blog es, en cierto modo, una forma más elaborada de portafolio digital (e-portfolio).

La mayoría de los sitios que permiten alojar un blog ofrecen herramientas para su diseño y realización. Es imprescindible contar con un sistema para escribir y publicar. Uno de los más populares es WordPress que, además de no tener publicidad, ofrece una potente y sencilla herramienta para el diseño y publicación de un blog.

DESARROLLO DE LA ACTIVIDAD

Lógicamente la propuesta consiste en la creación de un blog. Es perfectamente un trabajo individual, al menos en el nivel de autor, pero tiene que haber respuesta y colaboración por parte del resto de la clase aportando sus comentarios. Los temas pueden ser variados y cada estudiante deberá establecer su propio estilo. Se puede aprovechar el entorno del campus virtual Moodle que ofrece la posibilidad de crear blogs. Otro contenido que se le puede dar al blog es emplearlo como elaboración y síntesis de apuntes y actividades de clase.

Se organizarán puestas en común para reflexionar sobre el desarrollo de la actividad y las posibilidades didácticas.

RECURSOS PARA LA ACTIVIDAD

Algunos de estos sitios para el diseño y publicación de blogs:

- WordPress, http://es.wordpress.org
- Blogger, www.blogger.com
- Edublogs, www.edublogs.org, en inglés.

EVALUACIÓN: se tendrá en cuenta el diseño del blog, la temática de las entradas y el número de comentarios.

PROPUESTA DE TRABAJO Nº 11
COMPARTIENDO RECURSOS

OBJETIVOS

- Desarrollar la creatividad.
- Desarrollar hábitos de trabajo colaborativo.
- Utilizar las herramientas colaborativas de la Web para el desarrollo de proyectos educativos.

CONTENIDOS

- Trabajo colaborativo.
- Wikis.
- Recursos compartidos.
- Ofimática online.
- Código abierto.
- Licencia Creative Commons.
- Software social.

DEBES SABER

Veamos de forma sintética algunos conceptos que constituyen la base de las herramientas de participación y trabajo colaborativo.

Cada vez es más frecuente encontrar sitios, programas, herramientas de código abierto, software libre, sin propietario; y, como consecuencia de esto, encontrar propuestas de participación muy interesantes. Es el caso de algunos movimientos sociales que utilizan la Red para informar sobre cuestiones sociales, solidarias o alternativas que no forman parte de la información estandarizada que llega por otros medios. O el caso de aplicaciones como Open Office, el sistema Linux, las herramientas de la Fundación Mozilla o el sistema de gestión de contenidos para wikis, MediaWiki.

La licencia Creative Commons es la licencia que permite compartir los derechos de autoría en la Red. Según explican en la propia web de Creative Commons España, poner las obras bajo una licencia Creative Commons no significa que no tengan *copyright*.

Este tipo de licencias ofrecen algunos derechos a terceras personas bajo ciertas condiciones. Condiciones que el propio autor y autora pueden escoger de entre un total de seis licencias que surgen como consecuencia de la combinación de estas cuatro condiciones:

 Reconocimiento (Attribution): en cualquier explotación de la obra autorizada por la licencia hará falta reconocer la autoría.

 No comercial (Non commercial): la explotación de la obra queda limitada a usos no comerciales.

 Sin obras derivadas (No Derivate Works): la autorización para explotar la obra no incluye la transformación para crear una obra derivada.

 Compartir igual (Share alike): La explotación autorizada incluye la creación de obras derivadas siempre que mantengan la misma licencia al ser divulgadas.

El origen de la palabra wiki es de sobra conocido. Es un término utilizado en Hawai que significa "rápido" (es como llaman a un determinada línea de autobuses). Un wiki o una wiki (depende de si hablamos de página o de sitio) es un documento que se caracteriza por tener una estructura hipertextual, por ser de autoría social y colaborativa, por ser un documento dinámico y por tener un historial que registra todo el proceso de participación. Una bitácora o wiki puede servir en clase para escribir, leer, dialogar, comunicar, informar, colaborar, opinar y un largo etcétera. Es, en definitiva, un espacio para crear conocimiento.

Un ejemplo interesante es Wikipedia, "la enciclopedia libre". Es una gran enciclopedia universal hecha por todas aquellas personas que quieran colaborar escribiendo sus propias entradas o completando algunas. Es una buena herramienta que se puede utilizar de forma individual o como proyectos de trabajo de toda la clase sobre temas variados.

El auge de las redes sociales, que podíamos definir como comunidades virtuales con intereses y objetivos comunes dirigidos al intercambio de información personal, se configura como el paradigma del conocimiento compartido. Suponen una participación entre iguales que desarrollan entre sí vínculos y relaciones hasta ahora insospechados. Además de su carácter comunicativo y relacional, constituyen un entorno de aprendizaje personal y colectivo aún por explotar. Su utilización en el ámbito educativo puede constituir el primer paso para una buena alfabetización digital. Los estudiosos de este fenómeno hablan de las cuatro C del software social: *comunicación*, establece relaciones entre personas; *comunidad*, permite compartir el conocimiento; *colaboración*, promueve intereses y objetivos comunes, y *comodidad*, al ser herramientas de uso fácil. Otro tema aparte es la utilización, normalmente con fines comerciales, que hacen las grandes compañías dueñas de algunas redes sociales. No obstante, como no podía ser menos, la posibilidad de diseñar nuestra propia red social nos la ofrecen algunas herramientas y aplicaciones, una de las más conocidas en Ning.

DESARROLLO DE LA ACTIVIDAD

La propuesta que hacemos bien podía calificarse de popurrí. Se trata de que distintos equipos trabajen y desarrollen propuestas diversas, pero relacionadas. La idea principal es que se construyan proyectos y documentos colaborativos con distintas herramientas. De entre varias propuestas, cada equipo elegirá una tarea que diseñará y desarrollará, teniendo siempre en cuenta sus posibilidades didácticas en los ámbitos educativos de las distintas especialidades. Un aspecto importante de esta propuesta es que el trabajo de cada equipo servirá para completar u orientar el trabajo de los otros equipos de manera que todos estén relacionados. La utilización del campus virtual será determinante para el desarrollo de algunas de las propuestas.

Se sugiere la realización de pequeños seminarios con el fin de poner en común el desarrollo de los trabajos y que los equipos se pongan de acuerdo sobre lo que necesita cada uno de otro.

TAREAS PARA LOS EQUIPOS:

1. Marcadores sociales. Constituyen una herramienta excelente para buscar páginas de referencia sobre todo tipo de temas. El grupo seleccionará sistemáticamente recursos útiles. Se confeccionarán listas de recursos web para temas concretos, de modo que puedan ofrecer a otros equipos orientación y asesoramiento para sus trabajos (por ejemplo, sitios de aplicaciones de software libre para Educación Primaria). Se pueden utilizar los siguientes recursos:
   - http://del.icio.us.com
   - www.pvoriting.com
2. Creación de documentos compartidos para trabajar en grupo. Se trata de la elaboración de textos compartidos utilizando herramientas ofimáticas gratuitas (OpenOffice) que funcionan online. Una sugerencia de trabajo es la creación de pequeñas narraciones escritas en línea por todos los miembros del grupo, para que el grupo de imagen y grafismo complete el trabajo realizando presentaciones gráficas online. Una potente herramienta para este trabajo la proporciona Google Docs, que incluye procesador de textos, hoja de cálculo y presentaciones. Como todo lo de Google, se necesita cuenta gmail para entrar. Recursos para este grupo:
   - Ulteo, www.ulteo.com, con este programa se puede utilizar OpenOffice sin tener el programa instalado.
   - Google Docs, http://docs.google.com
3. Creación de presentaciones online. El equipo que elija esta tarea será el encargado de ilustrar con imágenes las narraciones del equipo anterior. La presentación tipo Power Point se puede realizar con Google Docs. Otra tarea del grupo puede estar relacionada con la creación de vídeos para subirlos a la Red. Los recursos, además de Google Docs, para este grupo pueden ser:
   - Slides, www.slideshare.net, es un espacio que permite subir presentaciones que, además de verlas en la Red, se pueden insertar en nuestras propias páginas (lo que se conoce como "embeber").
   - YouTube, www.youtube.com
4. Creación de páginas de inicio. El equipo de marcadores sociales puede aportar recursos al trabajo de este grupo. Por otra

parte, este grupo puede asesorar a los demás sobre la creación de páginas de inicio que incluyan contenidos relacionados con las temáticas de sus respectivos trabajos. Pueden incluir mapas, cuentas de correo, contenidos de redes sociales, podcasts, widgets, información de páginas favoritas, etc. El recurso más adecuado para este equipo es: Netvibes, www.netvibes.com
5. Creación de una red social. El equipo que realice esta tarea se conformará como el equipo coordinador de la Red. El objetivo fundamental será aprender a compartir conocimientos y recursos. Hará propuestas concretas para que toda la clase participe. El recurso para este grupo será el programa Ning, www.ning.com; la versión española es www.ning.com/main/create yourown?source=spainning
6. Creación de una wiki. Se plantea esta tarea como una forma de recoger y sistematizar los resultados del trabajo de todos los equipos. Este grupo diseñará la wiki, la coordinará y la mantendrá. Cada equipo aportará contenidos relacionados con su tarea. También el objetivo es compartir conocimientos y recursos. El campus virtual es una plataforma ideal para esta tarea. Los recursos de este grupo pueden ser:
 -Wikia, www.wikia.com, ofrece servicio de hospedaje.
 -Wikispaces, www.wikispaces.com, ofrece hospedaje.

RECURSOS PARA LA ACTIVIDAD

Consultar el capítulo 7 ("La Web"), el Anexo I ("Relación de aplicaciones y sitios de la Web 2.0") y las direcciones de los sitios que se sugieren en cada una de las propuestas.

EVALUACIÓN: sobre los trabajos presentados se tendrán en cuenta los siguientes criterios: utilidad y ámbitos de aplicación, calidad de los contenidos, dificultades y soluciones aportadas.

ANEXOS

ANEXO I
RELACIÓN DE APLICACIONES Y SITIOS DE LA WEB 2.0

PORTALES

- Yahoo [www.yahoo.com], quizá el portal mayor del mundo, contiene a su vez My Yahoo, la Web de fotografías Flickr y el marcador social del.icio.us.
- Google [www.google.com], el gran buscador, portal y lo que se tercie, ofrece gran cantidad de servicios fruto de ideas de usuarios y de adquisiciones de compañías.
- Algunos de los servicios son:
  - Blogger: servicio gratuito de creación de blogs.
  - Google Maps: mapas y localización de lugares.
  - Google Earth: imágenes por satélite.
  - Mis mapas: creación de tus propios mapas.
  - Google Docs: herramienta online para crear y compartir documentos y hojas de cálculo, ofimática.
  - Gmail: programa de correo electrónico.
  - Google Reader: lector de RSS.
  - Google Page Creador: aplicación para la publicación de páginas web.
  - Google Notebook: una especie de bloc de notas que permite incluir textos, imágenes y enlaces cuando se está navegando.

ANEXOS

- Google Talk: servicio de mensajería y telefonía por Internet.
- Calendar: agenda personal que puede compartirse con otros usuarios.
- Groups: servicio para la creación de listas de correo y grupos de discusión.
- Picasa: publicación, edición y gestión de fotografías digitales.
- YouTube: Web de publicación y visionado de vídeos.

REDES SOCIALES

- MySpace [www.myspace.com], creada en 2003 como sitio común para músicos independientes.
- Facebook [www.facebook.com], creada en 2004. Nació como red social universitaria, de gran repercusión en todos los ámbitos sociales.
- Second Life [www.seconlife.com], creada en 2003, comunidad virtual en 3D para vivir una segunda vida.
- Tuenti [www.tuenti.com], red social (española) privada a la que se accede con invitación. El propietario es Telefónica.

REDES SOCIALES EDUCATIVAS

- Classroom20 [www.classroom20.com] es un red educativa sobre tecnologías colaborativas.
- Eduredes [www.eduredes.ning.com] es un sitio para el intercambio de experiencias sobre redes sociales-educativas.
- Redpizarra [www.redpizarra.org] es una red de recurso y ayuda para la innovación.

ENCICLOPEDIAS, WIKIS, BLOGS Y MARCADORES

- Wikipedia [www.wikipedia.org], enciclopedia online libre y gratuita elaborada de manera colectiva por internautas de todo el mundo. Tiene también Wiktionary [www.wiktionary.org],

diccionario libre y gratuito en todos los idiomas. Wikibooks [www.wikibooks.org], libros y manuales gratuitos dirigidos al ámbito educativo; Wikinews [www.wikinews.org], publicación colectiva de noticias; Wikiversity [www.wikiversity.org], publicación de materiales didácticos.
- Citizendium [www.citizendium.org], enciclopedia alternativa a Wikipedia, online y gratuita. Se exige a los autores que participen con el nombre real.
- MediaWiki [www.mediawiki.org/wiki/MediaWiki/es] es un software libre que hay que instalar (se necesita un servidor). Es uno de los sistemas de gestión de wikis más populares.
- Wikia [www.wikia.com] (versión en español: [http://es.wikia.com/wiki/Wikia]), creación gratuita de Web para grupos o comunidades.
- Blogger [www.blogger.com], herramienta de Google para crear blogs. Como es habitual en Google, para usar alguna de sus herramientas se debe tener una cuenta en Gmail.
- WordPress [www.wordpress.org] (versión en español: [http://es.wordpress.org]), una de las plataformas gratuitas de blogs más utilizadas, y lo más importante: no tiene publicidad.
- Phpwebquest [www.phpwebquest.org], aplicación creada por el profesor Antonio Temprano para la creación de WebQuest.
- Technorati [www.technorati.com], el principal buscador de blogs.
- Bloglines [www.bloglines.com], agregador de noticias y blogs.
- Del.icio.us [http://del.icio.us] es un marcador social. Esta herramienta permite guardar y clasificar, mediante etiquetas, páginas web que nos interesen para tenerlas siempre disponibles y compartirlas con otros usuarios.

FOTOGRAFÍA

- Picasa, de Google, permite publicar, editar y gestionar fotografías.
- Flickr [www.flickr.com] es el mayor sitio para almacenar y compartir fotografías; se ha convertido en la gran comunidad fotográfica. Ofrece cuentas gratuitas y de pago; en las primeras permite subir hasta 100 MB al mes; en las segundas no hay límite.

- Photobucket [www.photobucket.com] facilita la publicación de fotografías y películas de los usuarios a otras páginas web, sobre todo, redes sociales; tiene servicio gratuito y de pago.

VÍDEO

- YouTube [www.youtube.com], de sobra conocido; como se ha apuntado, pertenece a Google.
- Metacafe [www.metacafe.com]; lo original de este sitio es que ofrece a quienes "cuelgan" sus vídeos compartir ingresos en función del éxito de éstos.
- Brightcove [www.brightcove.com] ofrece la posibilidad de crear canales de televisión y vender los vídeos realizados por los usuarios.
- Blinkx [www.blinkx.com] es un buscador de vídeos en la Red.

MÚSICA

- Last.fm [www.lastfm.es] es un servicio de recomendaciones musicales, una comunidad online musical, como ellos mismos se definen. Solo hay que registrarse y descargar el scrobbling. Con este sistema, el usuario puede crear listas musicales, crear su propia estación de radio, saber qué están escuchando sus amigos y muchas cosas más. El propietario es la cadena de televisión americana CBS.

PODCAST

- Pod Castellano [http://podcastellano.es] es un proyecto de la comunidad hispana de podcasting con información, noticias, documentación y ayuda sobre cómo hacer y colgar un podcast.

NOTICIAS

- Digg [www.digg.com] es un sitio en el que los usuarios votan para decidir qué noticias aparecen; se ofrecen noticias, vídeos y poscast. Se identifican como una "democracia mediática digital".
- Menéame [www.meneame.net] es la réplica española del sitio anterior. La diferencia es que los votantes son anónimos.

PÁGINAS DE INICIO

- Netvibes [www.netvibes.com] permite crear páginas de inicio personalizadas y compartirlas; el usuario selecciona y publica cualquier contenido que aparezca en Internet (páginas web, blogs, redes sociales, widgets, etc.).

MENSAJERÍA

- Twitter [www.twitter.com] es un servicio de mensajería de textos que permite enviar mensajes a un determinado grupo de personas a través del teléfono móvil o a través de la Web.

LIBROS

- Lulu [www.lulu.com] es un sitio que permite a cualquier usuario publicar y vender sus libros, cómics, fotografías, CD, DVD y demás. Lulu recibe el 20 por ciento de lo que el autor cobre por su obra.

AUTORÍA

- Creative Commons [http://es.creativecommons.org/licencia/] es una corporación americana sin ánimo de lucro. La institución afiliada a Creative Commons España es la Universidad de Barcelona.

Todas estas herramientas y aplicaciones, a su vez, están relacionadas; por ejemplo, todos los portales suelen tener blog, están presentes en alguna red social, algunos contienen vídeos y podcast, foros, etc.; algunas incluso disponen de aplicaciones para la tecnología del iPhone, iPad y demás dispositivos móviles.

ALGUNAS DIRECCIONES DE INTERÉS

LA GLOBALIZACIÓN DESDE UNA PERSPECTIVA CRÍTICA	CONTRAINFORMACIÓN
www.forum-alternatives.net/es	www.nodo50.org
www.web.forodigital.es/usuarios/foro.i.ellacuria	www.pangea.org
www.pensamientocritico.org	www.indymedia.org
www.attac.org	www.rebelion.org
www.movimientos.org	www.mujeresenred.net www.monde-diplomatique.es

SOFTWARE LIBRE
www.hispalinux.es
www.debian.org
www.gnu.org
www.softwarelivre.org
www.manje.net
www.apache.org
www.nodo50.org/ts

ANEXO II
NUESTRO HIPERTEXTO CON WORD EN UN PISPÁS

Antes de hacer nada, crea una carpeta nueva para guardar todo lo que hagas.

1. Desde el menú "Archivo" elije "Nuevo" y selecciona "Página web":

- En Windows 98 y Windows 2000. Con Office 2000.

- En Windows XP y Office 2003, elije también "Página web".

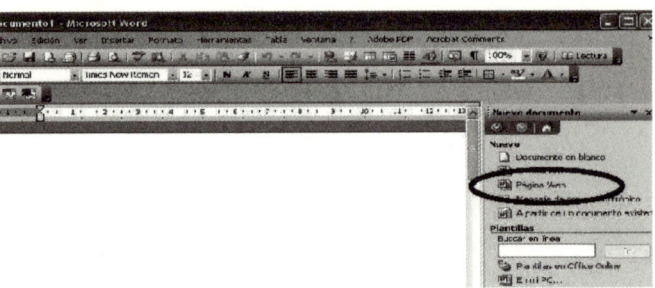

- Con Office 2007, al guardar, se elije la opción "Guardar como tipo página web".

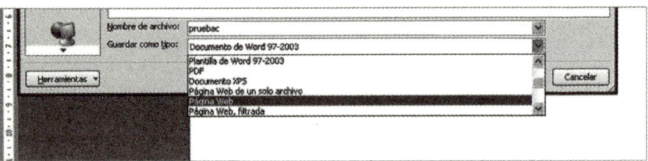

Esto va hacer que trabajes en "html". La página tiene la misma apariencia que cuando usamos el procesador de textos. Trabajar en html supone que usamos el lenguaje que soportan los navegadores que nos permiten navegar por Internet.

La única diferencia que nos indica si estamos o no en html es el icono de la página de Word:

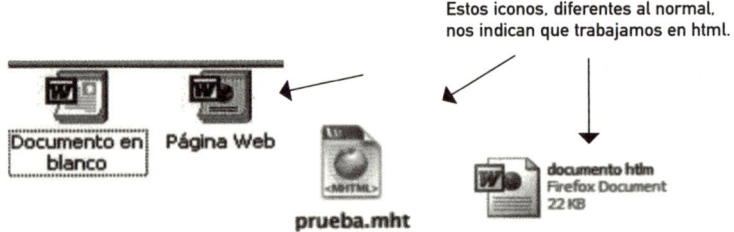

2. En la página en blanco que has abierto escribe: "Ésta es la segunda página de mi hipertexto".

Éste será el aspecto de la página en la que estás trabajando:

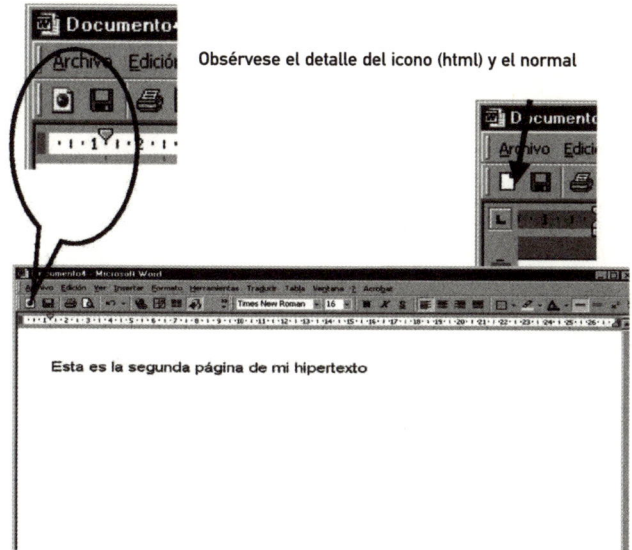

Guárdala en la carpeta que has creado como se guarda normalmente un archivo; si es la primera vez que guardas y estás trabajando con Word 2007, elije "Guardar como página web". MUY IMPORTANTE: llama a este archivo "Pagina 2" (sin acento, a veces en los servidores dan problemas). Una vez guardada, puedes cerrar el archivo.

3. Abre otra página como has hecho anteriormente, en el paso 1, y escribe: "Ésta es la primera página de mi hipertexto".

Guárdala en la misma carpeta. Es mejor que al guardarla le pongas el siguiente nombre al archivo: "index.html". Lo normal es llamarla así porque es el protocolo para que la máquina sepa cuál es la primera página (si se cuelga en Internet).

4. Ahora vas a realizar un hipervínculo. Vas a dar el salto (a la fama) de una página a otra. El "hipervínculo", "hiperenlace" o enlace es lo que caracteriza al hipertexto.

Cuando una palabra, frase, imagen, dibujo, icono, gif animado, etc., se vincula con algo, quiere decir que si "pincho" o "clikeo" en alguna de estas cosas enlazo con lo que esté vinculado a ellas, que puede ser otra página, otra ventana, otra palabra, otra foto, una página web, etc., las posibilidades son muchas.

Veamos: abre desde Word (recuerda el icono de html) el archivo (si lo has cerrado) que has llamado index.html. Recuerda que habías escrito: "Ésta es la primera página de mi hipertexto". Bien, ahora señala la palabra hipertexto, arrastrando el cursor con el ratón por encima de la palabra o clikeando con el botón izquierdo del ratón; si tienes la palabra marcada, acude con el ratón a la barra de herramientas y pincha en el icono de hipertexto.

También puedes ir a la barra de menús "Insertar" y verás que se despliega un menú en el que está el icono de hipertexto.

Cuando pinchas en el icono de hipertexto, se abre la ventana de insertar hipervínculo:

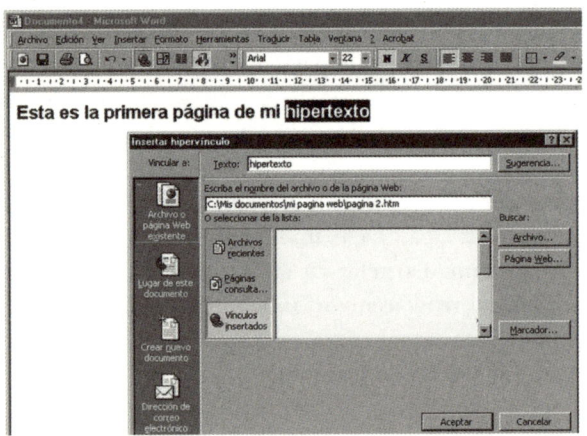

En el botón "Archivo" o "Página web" busca la página que has llamado "pagina 2", acepta como cuando abres un archivo. Verás que en el espacio en blanco de la ventana de insertar hipervínculo, debajo de donde pone "Escriba el nombre del archivo o de la página web" aparece la ruta y el nombre del archivo (pagina 2). Pincha en "Aceptar". El vínculo ha quedado hecho.

En tu página verás la palabra hipertexto con otro color y subrayada (eso se puede modificar, más adelante); es la prueba de que está vinculada. Si pasas el cursor del ratón por encima se abrirá una pegatina que te dirá "Ctrl.+clic"; de esta forma se da el salto.

Pero... lo importante es verlo en el navegador. Nada más fácil. En la barra de menús pincha "Archivo> vista previa de la página web" y como por arte de magia se abrirá el navegador (Firefox o Explorer) y verás tu página.

Ahora, al pasar el cursor del ratón por encima de la palabra vinculada saldrá la manecilla que indica que ahí hay algo... pinchas y ¡voilà! Aparece la página 2; acabas de hacer tu primer hipertexto.

Luego verás y descubrirás que puedes cambiar el fondo, adornar la página, utilizar tablas para que no se te descoloquen las cosas... Pero eso ya más adelante.

BIBLIOGRAFÍA

BUCKINGHAM, D. (2002): *Crecer en la era de los medios electrónicos*, Madrid, Morata.
CABERO, J.; DUARTE, A. y BARROSO, J. (1998): "La piedra angular para la incorporación de los medios audiovisuales, informáticos y nuevas tecnologías en los contextos educativos: la formación y el perfeccionamiento del profesorado", en *Revista electrónica de Tecnología Educativa*. [En línea] http://www.uib.es/depart/dcewed/revelec8.html
CASTELLS, M. (2001): *La Galaxia Internet*, Barcelona, Areté.
— (2009): *Comunicación y poder*, Madrid, Alianza Editorial.
CEBRIÁN, J. L. (1998): *La red. Cómo cambiarán nuestras vidas los nuevos medios de comunicación*, Madrid, Taurus.
CREMADES, J. (2007): *Micropoder. La fuerza del ciudadano en la era digital*, Madrid, Espasa.
ECPAT España y UNICEF-Comité Español. (2003): *Los niños y las niñas en Internet: Guía para una navegación segura*, Madrid.
EISNER, E. W. (1987): *Procesos cognitivos y currículum. Una base para enseñarlo que hay que enseñar*. Barcelona, Martínez Roca.
GALEANO, E. (1998): *Patas arriba. La escuela del mundo al revés*, Madrid, Siglo XXI.
HABERMAS, J. (1986): *Ciencia y tecnología como ideología*, Madrid, Tecnos.
JOHNSON, D. W.; JOHNSON, R. T. y HOLUBEC, E. (1999): *El aprendizaje cooperativo en el aula*, Barcelona, Paidós Educador.
LYNCH, P. J. y HORTON, S. (2000): *Principios de diseño básico para la creación de sitios web*, Barcelona, Gustavo Gili.
MONEREO, C. (Coord.) (2005): *Internet y competencias básicas. Aprender a colaborar, a comunicarse, a participar, a aprender*, Barcelona, Graó.
MORENO HERRERO, I. (1998): *Didáctica de la radio en el aula. Posibilidades para comunicar de forma creativa*, Tesis doctoral no publicada, Universidad Complutense de Madrid.
— (2004): "Utilización y medios y recursos didácticos en el aula", en Sánchez Delgado, P. (Coord.): *El proceso de enseñanza y aprendizaje*, Madrid, ICE, UCM, 181-196.
— (2006): *Prácticas de Tecnología Educativa. Propuestas para una metodología participativa*, Granada, Grupo Editorial Universitario.
NAFRÍA, I. (2008): *Web 2.0. El usuario, el nuevo rey de Internet*, Barcelona, Gestión 2.000.
NICKERSON. R. S.; Perkins, D. y SMITH, E. (1995): *Enseñar a pensar. Aspectos de la actitud intelectual*, Barcelona, Paidós-MEC.
PISANI, F. y PIOTET, D. (2009): *La alquimia de las multitudes. Cómo la web está cambiando el mundo*, Barcelona, Paidós Comunicación.
POSTMAN, N. (1991): *Divertirse hasta morir*, Barcelona, Ediciones La tempestad.
SIMONE, R. (2001): *La tercera fase. Formas de saber que estamos perdiendo*, Madrid, Taurus.

BIBLIOGRAFÍA

TAPSCOTT, D. y WILLIAMS, A. (2007): *Wikinomics. La nueva economía de las multitudes inteligentes*, Barcelona, Paidós.
TEMPRANO, A. (2009): *Webquest. Aproximación práctica al uso de Internet en el aula*, Alcalá de Guadaira, Editorial MAD, S. L.

TIFFIN, J. y RAJASINGHAM, L. (1997): *En busca de la clase virtual. La educación en la sociedad de la información*, Barcelona, Paidós.
VIZARRO, C. y LEÓN, J. (Coord.) (1998): *Nuevas tecnologías para el aprendizaje*, Madrid, Pirámide.

BIBLIOTECA DE INNOVACIÓN DIDÁCTICA

El Espacio Europeo de Educación Superior exige un nuevo planteamiento de las metodologías que se emplean en la docencia universitaria. Buena parte de la propuesta toma al estudiante como eje y protagonista del proceso de aprendizaje y de las situaciones de enseñanza. La nueva forma de medir el "tiempo de trabajo universitario" permite un grado considerable de autonomía al estudiante, considerando en ese tiempo el trabajo que realiza en solitario. Por otra parte, las asignaturas y la metodología para su desarrollo requieren no sólo de fundamentos teóricos, sino también de aplicaciones prácticas.

La serie Biblioteca de Innovación Didáctica pretende contribuir al desarrollo práctico de las nuevas materias, convirtiéndose en material de apoyo, material de aula y de propuestas de actividades para las distintas asignaturas. De este modo, se convierte en un manual práctico e imprescindible para el estudiante.

**OTROS TÍTULOS
DE LA SERIE BIBLIOTECA DE INNOVACIÓN DIDÁCTICA
WWW.CATARATA.ORG**

Aplicaciones de la Web en la enseñanza
   Isidro Moreno Herrero

Organización y gestión de instituciones y programas educativos
   Luis Miguel Barrigüete Garrido y Melani Penna Tosso

Procesos y contextos educativos
   Soledad Gil Hernández, Escolástica Macías Gómez, José María Salguero Juan y Seva, y Mercedes Sánchez Sáinz (coord.)

Didáctica e innovación curricular
   Raúl García Medina y José María Parra Ortiz